私益救助型众筹法律问题研究

Research on Legal Issues of
Crowdfunding for Private Interest Assistance

刘赫男　著

法律出版社
LAW PRESS·CHINA
北京

图书在版编目(CIP)数据

私益救助型众筹法律问题研究 / 刘赫男著. -- 北京：法律出版社，2023

ISBN 978-7-5197-8366-2

Ⅰ. ①私… Ⅱ. ①刘… Ⅲ. ①法律援助-研究-中国 Ⅳ. ①D926

中国国家版本馆 CIP 数据核字(2023)第 198276 号

私益救助型众筹法律问题研究
SIYI JIUZHUXING ZHONGCHOU FALÜ WENTI YANJIU

刘赫男 著

责任编辑 薛 晗 王 斓
装帧设计 汪奇峰

出版发行 法律出版社
编辑统筹 法商出版分社
责任校对 王 丰 郭艳萍
责任印制 胡晓雅
经　　销 新华书店

开本 A5
印张 6.375　**字数** 155 千
版本 2023 年 11 月第 1 版
印次 2023 年 11 月第 1 次印刷
印刷 唐山玺诚印务有限公司

地址：北京市丰台区莲花池西里 7 号(100073)
网址：www.lawpress.com.cn
投稿邮箱：info@lawpress.com.cn
举报盗版邮箱：jbwq@lawpress.com.cn
销售电话：010-83938349
客服电话：010-83938350
咨询电话：010-63939796

书号：ISBN 978-7-5197-8366-2
定价：58.00 元
凡购买本社图书，如有印装错误，我社负责退换。电话：010-83938349

目录

引　言

一、问题提出

在互联网诞生之前,大众筹资的方式多是基于社交圈的延伸。如果想通过不特定的多数人(陌生人)筹集资金,只能选择证券发行(金融领域)或公开募捐(慈善领域)。而在互联网时代,基于网络“无远弗届”与信息传播的即时高效,众筹模式兴起,突破了原有大众筹资方式的局限。

网络时代的众筹,是指基于某种目的通过网络平台(社交媒体)向不特定多数人进行筹资的一种模式。这种大众筹资的新模式主要具备三个特点:一是借助于网络媒介。这是网络时代大众筹资的物质基础。这一基础使众筹在网络时代能够筹得更多资金,促使社会资源更有效配置。二是筹资对象为不特定多数人。由于互联网“无远弗届”的特性,网络时代的大众筹资具有极为广泛的传播力和筹资效率。众筹中投资(捐助)资金的一方不仅人数众多,而且不受地域限制;从参与主体来看,网络众筹不局限于某一类或某一特殊行业的人群,而是具有广泛性。三是资金融通的直接性。网络时代的众筹,平台(社交媒体)本身不是金融(慈善)机构,因此通过此种方式筹集的资金都是直接进入筹资者账户,这也是网络时代大众筹资与线下筹资的根本区别。

正是因为网络时代众筹的“普惠”特性,所以近年来众筹被越来越多地应用于金融及慈善领域。根据回报方式不同,网络众筹大致分为四种类型:债权型众筹、股权型众筹、奖励(回报)型众筹、捐赠型众筹。众筹与慈善领域的深度融合即属于捐赠型众筹。通过网络众筹的方式做慈善,是利用网络的便捷高效属性促进慈善事业发展和社会财富第三次分配的必然。

众筹模式进入中国已10余年。在金融领域,众筹的出现为解决小微和初创企业融资难、融资贵的问题提供了一种可行的解决方案。在慈善领域,众筹模式一方面可以为公益众筹提供一种网络募捐渠道;另一方面也为具有慈善属性的社会互助提供了更多的可能性。随着广泛用于社会互助的众筹平台兴起和快速发展,普遍应用于公民个人大病救助或筹集学费等私人救助事项的私益救助型众筹逐渐成为社会关注焦点。

二、研究价值

私益救助型众筹同时具备社会价值和经济价值。第一,私益救助型众筹是社会保障体系的有益补充。虽然我国社会保障体系日臻完善,目前已经形成了世界上规模最大的社会保障网,但人口众多的基本国情导致我国仍存在一部分困难群体无法通过现有的社会保障体系获取足额的困难救助资金。因此,私益救助型众筹作为公民个人之间的一种自发性的社会互助行为,成为我国现有社会保障体系的有益补充。第二,虽然我国慈善事业近年来发展得如火如荼,但因其宏观且有倾向性的趋势导致存在大量个别困难人士很难得到救助。在我国这样一个人口基数庞大的国家,此类个别困难人士已经成为不可忽视的群体。慈善事业无法覆盖的盲区需要民间互助的发展来填补这一空白。私益救助型众筹为这一问题的解决提供了新思路。第三,互联网新兴平台的普及使个人筹资及捐赠越发便利。私益救助型众筹发起门槛低,流程相对简单,通过互联网平台进行大幅度降低了信息交互成本。以前公民个人陷入困难的求助途径只能是亲朋好友、所在单位和慈善机构,但互联网“无远弗届”的属性使求助者和捐助者的信息充分匹配,从而使陌生人之间互帮互助成为可能。这种不图回报的资金互助行为,实际上促进了互联网经济的进一步发展。因为目前国内私益救助型众筹的运营模式使其已经成为互联网保险销售的“引流”工具。(对此,笔者将在后续章节详细论述)。第四,私益救助型众筹的产生与发展是实现共同富裕的题中之义。根据厉以宁教授提出的三次分配理论,收入的第三次分配是完全在道德力量驱使下的自愿行为,主要由高收入人群在自愿基础上,以募集、捐赠和资助等慈善公益方式对社会资源和社会财富进行分配,有利于缩小社会贫富差距,从而促进实现共同富裕。毋庸置疑,私益救助型众筹是陌生人之间通过互联网平台施以善意的自愿捐助行为,因此当属第三次分配的有益组成以法律规制利益救助型众筹良性发展有利于促进实现共同富裕。

新生事物的发展往往会经历“爆发式增长”—“乱象丛生”—“良性发展”三个阶段。目前,中国的私益救助型众筹已经进入第二个发展阶段。近年来,新闻报道不断曝出私益救助型众筹的各种问题:求助者隐瞒个人财产,编造求助信息“骗捐”,众筹平台规则随意且无人审核,求助者的求助事由是否真实缺乏权威佐证,众筹款项被求助者及家人滥用,以及众筹平台“扫楼”事件等。此种种“乱象”正是人性在缺乏制约机制的情况下“逐利”属性的真实表达。

作为新生事物,私益救助型众筹必然会遭遇成文法滞后而导致的“法律空白”。在我国现有法律框架内,私益救助型众筹并不属于《慈善法》规制的范畴。依据现有的民事法律虽然可以解决一部分私益救助型众筹中的欺诈问题,但也无法从源头上遏制此类众筹中机会主义行为的发生。客观上看,《慈善法》立法之初出于“法律不应当限制公民之间的互助行为”之考量而不规制此种行为,实际上是为了给私益救助型众筹这种有益于社会的“互联网+慈善社会互助”模式留以足够的发展空间,使其造福于民。但与此同时也埋下了“乱象丛生”的隐患。

任何缺少法律规制的大众筹资创新模式都会变成骗子和投机者的天堂。因此,本书旨在通过对私益救助型众筹相关问题的梳理和分析,进而对此类众筹的立法规制问题进行着重探讨,并对具体制度设计提出可行性建议,以期为完善中国特色社会主义法治体系和推进国家治理体系现代化,以及用法治方式推动共同富裕贡献一份绵薄之力。

三、创新攻坚

目前,国内对私益救助型众筹法律问题的研究多为学位论文,期刊论文较少。研究主题主要集中在个人求助众筹、个人救助众筹、互联网私益慈善、个人捐赠众筹、个人大病求助众筹、个人求助类公益众筹、个人求助网络募捐、众筹式网络个人求助、个人网络募捐、社交网络众筹等的法律规制或监管问题。在当前检索到的文献中,学者普遍认识到私益救助型众筹的社会价值和现存问题,并提出了相关监管和治理建议,为推动私益救助型众筹发挥更大的社会效用和促进其良性发展起到一定作用。但当前已有研究也存在研究层级不高、理论研究不够深入等问题。

因此,笔者在深入研究基础上,力争创新攻坚。

创新点一是厘清了慈善众筹、公益众筹与私益救助型众筹等相关概念,为确定此类众筹行为属性及确立其立法规制原则做好铺垫。实践和学术界一直对慈善众筹、公益众筹和私益救助型众筹的概念有所混淆。本书在第一章即对相关概念和与私益救助型众筹相似的大众筹资模式加以比较和区分，明确了慈善众筹包括公益众筹和私益众筹，而私益救助型众筹属于私益众筹。公益众筹的目标是为了实现公共利益，往往是针对某一类特定群体或环境保护等公益事业。而私益救助型众筹的目标是实现公民个人的私益，是救助特定的某一个人。虽然当前公益众筹与私益救助型众筹都存在诸多问题，但因其本质不同不能混为一谈。本书讨论的对象是私益救助型众筹，必须与公益众筹严格区分。

创新点二是详细梳理了国外私益救助型众筹的发展情况，作以比较研究。现有的文献中仅有两篇提到域外经验，且其中一篇主要是介绍国外公益众筹的发展情况，与私益救助型众筹无关。另一篇文章虽然介绍了美国类似众筹网站 GoFundMe 的基本情况，但是寥寥数语并不能清晰展现域外私益救助型众筹的发展现状。本书在第一章第二节“私益救助型众筹的发展现状”中详细介绍了国外的相关情况，尤其是美国的相关经验。他山之石，可以攻玉。通过比较研究，国外的私益救助型众筹情况可以对我国私益救助型众筹的发展提供一些可借鉴的经验。美国目前类似国内私益救助型众筹主要集中在医疗众筹（Medical Croudfunding）领域，且同样普遍存在“欺诈”行为。但美国政府目前并没有明确的立法与监管，还是持市场自由发展的态度。因此，有学者探讨美国的此类众筹平台是否也应该成为“看门人”，负有更多的审查和监管责任。尽管没有美国立法经验的借鉴，但由其发展现状可以看出，虽然国情和社会制度不同，人性中“经济人”与“道德人”并存的属性是共通的。要遏制私益救助型众筹中的“欺诈”等机会主义行为，必须从监管和立法入手。

创新点三是找出私益救助型众筹问题丛生之根源。私益救助型众筹平台属性为商业平台，而私益救助型众筹是一种慈善行为。商业企业做慈善，容易因契约失灵而导致机会主义行为的发生。

因此平台对求助者信息的审核以及平台对众筹款项合理使用的监管流于形式，同时为获取更多用户和流量，众筹平台不惜通过“扫楼”等方式进行宣传招揽，更加剧了私益救助型众筹发生欺诈的风险。但此类平台如果采取非营利组织模式发展又会因志愿失灵而再次陷入窘境。要平衡两难困境，通过立法规制私益救助型众筹成为必然。

创新点四是提出适用于我国的私益救助型众筹的立法规制模式和制度设计。现有的多数文献都提到了私益救助型众筹的法律规制问题，但都比较泛泛，缺乏针对性和可行性。而且大多数文献中提出的法律规制建议缺乏理论分析框架。本书的创新之处就在于，首先，厘清当前互联网平台型新业态的已有立法规制呈现“行业性路径依赖”的特征；其次，针对中国特色社会主义法治体系的发展规律，提出在我国针对私益救助型众筹可选择的三种立法规制的模式，分别探讨了《慈善法》修改的可能性，相关部门制定“私益救助型众筹中介机构业务活动管理办法”、最高人民法院制定“关于办理私益救助型众筹案件中适用法律若干问题的解释”等问题；再次，针对立法制度设计，本书引入有限理性、利益衡量、激励相容等理论分析视角，为具体制度设计指明方向并提供理论支撑；最后，本书提出了“事前防范、事中控制、事后监督、救济机制”的思路，并有针对性地制定了较为详细的具体制度设计方案，填补了目前国内针对私益救助型众筹法律规制的具体制度设计之空白。

本书在针对私益救助型众筹法律问题研究创新的同时，着力攻克当前在该领域存在的难点问题。

研究难点一是私益救助型众筹的行为属性问题。私益救助型众筹作为互联网时代慈善社会互助的一种新业态，其行为属性兼具商业和慈善属性。这直接导致目前私益救助型众筹游走于民商事法律和慈善法律的灰色地带。虽然在 2022 年 12 月 30 日通过全国人在常委会审议的《中华人民共和国慈善法(修订草案)》(以下简称《草案》)当中,已经加入了关于个人求助有关事项的规定。但该规定较为笼统,且并未规定相关法律责任。因此,私益救助型众筹产生的纠纷无法真正适用目前《慈善法》的规定。但值得注意的是,《草案》中提出了"对个人求助的网络服务提供者的管理规则由民政部门会同有关部门另行制定"的要求。对于有关部门来说,制定上述规则的核心问题之一就是确定私益救助型众筹行为的属性,从而设计具体可行的法制规则。因此,希望本书对这一问题的探讨能够为相关规则制定提供有益思路。

研究难点二是私益救助型众筹的立法利益衡量与制度设计。这一部分是本书的创新点,同时也是研究难点。众所周知,利益衡量最常出现在司法审判中,是法官针对具体案件所进行的法律解释和价值判断,因此学界对司法实践中的利益衡量讨论较多,对立法中利益衡量讨论较少。但无论是立法还是司法中的利益衡量,本质上都是对不同利益之间的比较而最终作出相对公平的一种判断,以确保实现社会利益最大化或整体损失最小化。而且大多数时候,学界和实务界对于利益衡量都是"能够理解",但却无法"准确把握"。这对笔者的研究构成了较大的挑战。同时,利益衡量本身的难度进而又传导给具体制度设计,因为具体制度设计必须以利益衡量为基础。

第一章　私益救助型众筹的基本原理

第一节　私益救助型众筹的概念厘定

一、众筹兴起与众筹分类

(一)众筹兴起

众筹,即大众筹资。与线下的面向不特定多数人的集资活动不同,“众筹”一词出现在互联网时代,因此本书所称众筹,特指通过互联网平台为某个特定项目或某种特定目的而进行的面向不特定多数人的大众筹资活动。国际证监会组织称:众筹融资是指通过互联网平台,从大量的个人或组织处获取较少资金来满足项目、企业或个人资金需求的活动。[1]

众筹兴起于美国的文创领域。2009 年,一个致力于支持和激励创造、创新、创意活动的网站,Kickstarter 在美国成立。该网站的出现,使“有创意无资金”和“有资金愿支持创意”的两个群体实现了有效的信息匹配和资金流动—— 有创意者可以在 Kickstarter 发布创意项目,并同时发布资金需求,有资金者通过网站选择自己感

---

[1] See Eleanor Kirby & Share Worner, *Crowd – funding: An Infant Industry Growing Fast*, IOSCO Staff Working Papers, 2014, p. 8.

兴趣的创意项目进行投资。这种借助互联网“无远弗届”特性而产生的新兴融资模式，有效地解决了文创领域小项目融资难的问题，让很多有创意者实现了梦想并创造了奇迹。[1]借助互联网发展起来的众筹相较于传统融资方式更加开放便捷，且区别于以往的金融模式以项目商业价值为唯一衡量标准，众筹项目能够获得资金的原因更加多元化。很多时候，网友愿意为梦想“埋单”——只要众筹项目足够吸引眼球或是能够引发共鸣，均可通过众筹的方式来募集项目的启动资金。这无疑成为创业、创新的极大助力，即为更多有才华有梦想的创业者提供无限可能。

随后，众筹作为新型互联网融资模式强势兴起。通说认为，2011 年众筹进入中国。作为后起之秀，中国众筹市场发展迅猛。仅 2018 年上半年，我国众筹实际融资金额就高达 137.11 亿元。[2]目前，我国国内的众筹项目门类颇多，包括艺术类众筹、文化类众筹、影视类众筹、房产类众筹、农业类众筹、出版类众筹等。根据世界银行的预测，到 2025 年，全球众筹市场规模将达到 3000 亿美元，发展中国家众筹市场规模也将达到 960 亿美元，其中 500 亿美元的市场在中国。[3] 且目前国内项目在国外众筹网站获得融资的市场规模也在逐步扩大。Kickstarter 网站 2021 年年终统计数据显示：2021 年中国有 959 个项目在其平台众筹融资共计 9500 万美元。这些足以证明众筹模式将迎来新一轮发展契机。

---

〔1〕 比如，2013 年度奥斯卡最佳纪录短片奖获奖影片 *Inocente*，即通过 Kickstarter 筹资拍摄完成。该片通过 Kickstarter 平台，从 294 名支持者处共募集电影拍摄资金 52,527 美元。

〔2〕 《〈中国众筹行业发展报告〉2018（上）：众筹融资额达 137.11 亿元》，载众筹家 2018 年 8 月 8 日，https://www.sohu.com/a/245985852_264613? from = bdhd_site。

〔3〕 罗兰：《众筹：为大众创新创业带来福音》，载人民网 2015 年 10 月 26 日，http://it.people.com.cn/n/2015/1026/c1009 - 27738478.html。

(二)众筹分类

根据筹集资金目的不同,众筹大致分为四种类型:债权型众筹、股权型众筹、回报或预购型众筹、捐赠型众筹。

债权型众筹,又称P2P网络借贷,是指通过网络,个人与个人之间进行借贷的一种众筹类型。此种众筹将有借款需求者与闲置资金者通过网络平台的信息交互达到充分匹配,进而达到融资目的。P2P模式2007年引入中国,2013—2017年迅猛发展。随后因缺乏监管和法律规制,2018年以后频繁"爆雷",多家P2P平台涉嫌集资诈骗和非法集资,违约规模超千亿元。此后国家有关部门加强监管整治,全国实际运营的P2P网贷机构由高峰时期的约5000家逐渐压降,到2020年11月中旬完全归零。[1]

股权型众筹,简称股权众筹,是指筹资者以股权形式作为回报的一种众筹融资类型。股权众筹中,筹资方通过网络进行股权众筹融资的行为类似于发行证券,投资者通过众筹投资成为了筹资方的股东。股权众筹模式2011年正式引入中国,而后因其筹资门槛低的特性受到小微企业和初创企业的追捧,一度成为其创业融资的主要渠道。股权众筹在2014年左右迎来蓬勃发展,全年累计融资超7亿元人民币。但此种模式与我国现行《证券法》的诸多规定存在抵触,因此目前我国被法律允许的是私募性质的互联网非公开股权融资。为最大限度保护众多中小投资者利益,避免P2P网络借贷悲剧重演,监管部门出于审慎态度尚未将股权众筹纳入《证券法》修改范畴。

回报或预购型众筹,是指筹资方以某种方式对投资者进行回报(如众筹拍电影,以电影票作为对投资者的回报),或者直接将众

---

〔1〕 参见韩哲:《中国再无P2P》,载《北京商报》2020年11月30日,第2版。

筹融资所生产出的产品作为一种预购方式的回报。此种众筹类型大多适用于文创和科创领域，为富有创意但又缺乏资金的年轻人提供了施展才华的资金和实现梦想的可能。

捐赠型众筹，是指筹资方以募集资金的方式来实现扶贫济困以及个人救助等目的的众筹融资。此种类型的众筹中，投资者得不到任何实质性回报。因此，此种众筹主要用于慈善活动，或者个人之间的互济互助。捐赠型众筹又因发起者的身份和目的不同而区分公益型众筹和私益型众筹两类。前者主要是由公益组织（法定慈善组织）出于公益目的，即为帮助不特定多数人（通常是某一特定困难群体）而发起的筹资活动；后者则是由公民个人出于私益目的，为解决自己的困难而发起众筹。

二、私益救助型众筹的概念与特征

（一）私益救助型众筹的概念

私益救助型众筹，指的是公民个人因陷入困境而通过互联网众筹平台发起求助，投资方（捐赠方）以资金形式施以善意的一种大众筹资活动。参与此种众筹的"投资人"完全是出于善意的帮助目的，没有回报，因此私益救助型众筹属于捐赠型众筹。诚如上文所述，私益与公益相对，公益是公共利益，因此公益众筹是为了满足不特定多数人利益的众筹。私益是私人利益，因此私益众筹是为满足私人利益而发起的大众筹资。私益救助型众筹中的救助，再次限定了私益众筹的范围，即发起私益众筹的事项必须是需要救助的事项，比如此种众筹模式在中国最为普遍的应用是大病众筹。近年来，越来越多的贫困家庭因家庭成员身患重病没钱医治而采取私益救助型众筹的方式来获取治疗费用。可以说，私益救助型众筹在促使社会资源得以充分配置的同时，也为陌生人之间施以善意提供了更广阔的渠道。需要特别指出的是,诸如国外一些个人在众筹网站发起的为非救助类事项的众筹[1]不在本书讨论之列。

(二)私益救助型众筹的特征

私益救助型众筹具有无偿性、私益性、门槛低、传播广、高效性等特征。私益救助型众筹的无偿性——捐赠型众筹中,其投资者(捐赠人)得不到任何实质性回报。"众筹"一词出现在互联网时代,被认为是互联网金融的一个重要板块。但私益救助型众筹相比于其他众筹模式,完全不具备金融特性。因此,私益救助型众筹属于第三次分配领域,无偿性是其首要的典型特征;私益救助型众筹门槛低——私益救助型众筹项目投资门槛很低,参与此种众筹的投资者(捐赠人)以小额捐赠居多,据统计,单次捐赠 100 元以下的群体约占总体的 80%,而单次捐款 100 元以上的仅占总体的 20%左右[2];私益救助型众筹传播广——私益救助型众筹通过社交网络(主要是微信朋友圈)转发使不特定多数人知晓,其传播速度之快往往呈倍数增长,快速传播使众筹范围不断扩大;私益救助型众筹的高效性——私益救助型众筹利用互联网共享、开放等属性,充分发挥了长尾效应。私益救助型众筹面向不特定多数人募集资金,尽管小额捐赠居多,但因人数规模庞大所以私益救助型众

[1] 美国 GoFundMe 网站主要进行个人项目筹资(不以回报为目的),类似本书所说的私益救助型众筹。但在此网站上发起的个人项目筹资类型比较多元,可以为了治疗疾病筹款,可以筹集学费,可以为了打官司筹款,可以为了婚礼筹款等。当然,除了这些为个人利益的筹款,GoFundMe 网站上还提起了为公共利益的筹款等。笔者认为,除筹集医疗费和学费等事项,其他筹资理由不属于救助范畴,故特此强调。

[2] 参见伞新茹:《个人求助类公益众筹的问题研究》,北京邮电大学 2019 年硕士学位论文,第 27 页。

筹往往能在短时间内募集到几万元甚至几十万元救助资金，这充分体现了私益救助型众筹高效性的特征。

三、私益救助型众筹与相近模式界分

网络时代，向不特定多数人公开筹集资金的活动形式多种多样，其中互联网慈善募捐、公益众筹（慈善众筹）、个人网络公益募捐、网络互助、私益募捐等筹资活动与私益救助型众筹经常被大众混淆。明确区分这几种表征相似的行为模式，便于本书展开对私益救助型众筹法律问题的详细论述。

（一）私益救助型众筹与互联网慈善募捐

互联网慈善募捐，就是通过网络平台开展的慈善募捐。根据我国《慈善法》的相关规定，无论通过何种方式，开展公开募捐的主体只能是具备法定资质的慈善组织。因此，私益救助型众筹与互联网慈善募捐的主要不同在于：一是发起主体不同。私益救助型众筹由公民个人发起，互联网慈善募捐由法定慈善组织发起。二是捐助对象不同。私益救助型众筹的捐助对象是特定的某一个公民个人，而互联网慈善募捐的捐助对象往往是某一具有共性特征的群体（不特定多数人），比如失学儿童、失独老人、罕见病患者等。根据我国《慈善法》的规定，为文体教育、环境保护等公益事业发展而开展的募捐活动也属于慈善募捐。三是捐赠标的物不同。私益救助型众筹中捐赠人只能通过网络支付手段捐赠资金，但互联网慈善募捐的捐赠人可以捐钱也可以捐物。四是适用的法律规范不同。私益救助型众筹并无专门法律规范，但因其行为属性可以受到我国《民法典》规制，而互联网慈善募捐受到专门的《慈善法》以及其他相关法规规制。由于互联网慈善募捐受到我国现行法律规制，民政部分别于2016年、2018年、2021年指定了三批慈善组织互联网公开募捐信息平台。此举目的是在网络时代促进慈善事业更加规范,防止互联网平台鱼龙混杂造成公众因献爱心的善举陷入被欺诈的窘境。

值得注意的是,目前在我国民政部指定的一些互联网慈善公开募捐信息平台上都开展了慈善组织为某个特定个人而开展的互联网慈善募捐。对此行为如何界定,有学者认为违背了慈善募捐的"公益属性"。[1] 但仅根据筹款目的来判断其属于私益范畴,笔者认为不妥。姑且不论慈善组织为个别受益人开展的互联网慈善募捐是否合理合法,但其与私益救助型众筹有本质区别:一是发起主体不同,二是对捐赠财产的处分权归属不同。第一点不再赘述。第二点是在私益救助型众筹中,求助者(受益人)拥有对捐赠财产的处分权;而为某个特定个人所开展的互联网慈善募捐中,对捐赠财产的处分权归属于慈善组织。因此,本书立论的逻辑起点是私益救助型众筹,而在民政部指定的互联网慈善公开募捐信息平台上开展的为某个特定个人所进行的互联网慈善募捐不在此列。

(二)私益救助型众筹与公益众筹

要区分私益救助型众筹与公益众筹,首先要区分公益众筹与私益众筹。公益众筹的筹款目的是实现公共利益,具有利他属性;私益众筹的筹款目的是解决自己困难或者实现自己的梦想(比如,实践中有人为了自己出去旅游的费用发起众筹)。并且,私益众筹的目的是解决公民个人的问题;而公益众筹的目的在救助人的同

---

〔1〕 参见《金锦萍评"吴花燕事件":争论之前先分清个人求助于慈善募捐》,载南都公益基金会网 2020 年 1 月 19 日,https://weibo.com/naradafoundation?topnav=1&wvr=6&topsug=1&is_hot=1。

时也包括防治污染和其他公害,保护和改善生态环境等公益目的,可以说公益众筹的目的是广义的公益事业。

私益救助型众筹与公益众筹则有明显的界分:一是二者的发起主体不同。私益救助型众筹的发起主体是公民个人,而公益众筹的发起主体可以是法定的慈善组织,也可以是企业、团体或公民个人联合慈善组织共同发起,即公益众筹必须有法定慈善组织的参与方可发起。二是二者的受益方不同。私益救助型众筹的受益方是某一特定的公民个人,而公益众筹的受益方是某一特定群体(符合某种慈善特质的多数人),以及广义的社会公益事业。三是众筹行为属性不同。公益众筹具有利他属性,即便是公民个人联合慈善组织发起的公益众筹也是为了他人的公共利益而为之。而私益救助型众筹则具有利己属性,公民个人为摆脱困境而进行筹资,最终满足的是其个人利益。四是二者适用的法律规范不同。私益救助型众筹从广义上讲虽然也是一种慈善行为,但因其行为之利己属性,私益救助型众筹不受《慈善法》规制,受到《民法典》等民事法律法规的规范。而公益众筹须在《慈善法》允许的范围内进行,否则有可能涉嫌违法。

(三)私益救助型众筹与个人网络公益(慈善)募捐

首先,二者的合法性不同。个人网络公益(慈善)募捐,是指公民个人以公益(慈善)名义在互联网平台上向不特定多数人发起的募集款项的行为。我国法律禁止个人开展公开公益(慈善)募捐。[1] 法律禁止个人以慈善为名开展募捐是出于对公民善意的最大保护。随着我国人民生活水平的显著提高,越来越多的公民愿意

---

〔1〕 参见《慈善法》第33条规定:“禁止任何组织或者个人假借慈善名义或假冒慈善组织开展募捐活动,骗取财产。”

通过捐赠方式奉献爱心、帮扶贫困。但倘若允许个人开展慈善募捐，则必然会增加诈骗的风险。当此种骗局越来越多，慈善事业就会陷入“劣币驱逐良币”的恶性循环，进而使得原本有捐赠意愿的公民在理性驱使下丧失捐赠意愿，最终受害的必将是困难群体和个人。而与个人网络公益（慈善）捐赠不同，我国法律并没有禁止私益救助型众筹活动。私益救助型众筹作为公民个人之间的求助与救助行为，在我国《慈善法》立法的过程中曾经多次博弈，最终立法者还是为其自由发展留下空间。《慈善法》没有明文禁止这一行为，根据“法无明文禁止即为允许”之理念，私益救助型众筹在我国具有合法性。

其次，二者行为属性不同。个人网络公益（慈善）募捐是为了他人利益而进行的筹资行为，具有利他性；而私益救助型众筹具有典型的利己属性。公民个人通过网络向其他人求助而筹集资金的行为的根本目的是救助自己摆脱困境。

（四）私益救助型众筹与网络互助

网络互助是一种“类保险”的公民个人之间的互济互助行为。网络互助的实践形式往往是由某互联网平台推出的“网络互助计划”，公民个人自愿加入该计划从而成为会员。在网络互助计划中，会员之间约定彼此承担未来可能发生的某种风险的损失，这种承诺通常是以“若未来发生约定之风险事件，则该事件当事人之外的会员按比例捐助一定互助金”，同时约定互助金上限以避免会员个体负担过重。

网络互助与相互保险〔1〕的行为表征很相似，因此原银保监

---

〔1〕 2015 年《相互保险组织监管试行办法》第 2 条第 1 款规定：“本办法所称相互保险是指，具有同质风险保障需求的单位或个人，通过订立合同成为会员，并缴纳保费形成互助基金，由该基金对合同约定的事故发生所造成的损失承担赔偿责任，或者当被保险人死亡、伤残、疾病或者达到合同约定的年龄、期限等条件时承担给付保险金责任的保险活动。”

会称其为“类保险”活动。网络互助与相互保险都建立在“风险转移”和“风险均摊”的理念之上。二者都是一群具有相同性质风险和具有相互帮助意愿的人在一起订立的一种合同。但二者不同之处在于,网络互助并非保险活动,运营网络互助计划的互联网平台不具备保险人资质,无法满足保险人“刚性给付”之责任。相互保险是保险的一种,因此相互保险是先交保费,出险时获得赔付,同时投保人还有机会获得保费盈余。但是网络互助则是“后交钱”,即当成为网络互助计划会员之后,一旦某一会员发生互助事件,经审核公示之后其他会员无异议,此时其他会员要按照之前的承诺缴纳一定的互助金(此为合规操作,目前网络互助平台将其称为“捐助”)。

私益救助型众筹与网络互助都是公民个人之间的互济互助行为,同时二者也都是借助互联网平台在公民之间传递善心的行为。但是私益救助型众筹与网络互助有本质不同:一是运营私益救助型众筹项目的平台,在此项目中不收取任何费用。而网络互助平台均收取管理费。二是私益救助型众筹中的救助行为具有单向性。在私益救助型众筹中,只是捐赠人向求助者进行捐赠。但网络互助计划中的会员之间的帮助具有双向性。网络互助计划中的会员既是捐赠方又是受益方,彼此互相帮助。三是在私益救助型众筹中,捐赠人是因自愿而捐出自己的财产给求助者。而网络互助计划的会员之间因为签署了互助协议,所以会员负有“在其他会员发生互助事件时对其捐助的义务”,即网络互助中的捐赠行为是在履行约定之义务。

值得注意的是,由于网络互助的运营主体多属打着慈善互助的旗号行金融保险之实,且缺乏监管和法律规制,这种游走在法律边缘的互联网创新模式并未取得预期效果,互助效果不佳。因此,2021 年年末至 2022 年年初网络互助陷入关停潮。

（五）私益救助型众筹与私益募捐

1. 公益募捐与私益募捐

募捐，因发起主体和目的的不同可以分为公益募捐和私益募捐。公益募捐，是指法定公益组织（慈善组织）基于公益目的而发起的救助不特定多数人的募捐活动。比如为遭受地震、洪水等灾害的灾区人民发起的募捐活动和为希望工程、春蕾计划等受益对象为不确定多数人发起的募捐活动，就是典型的公益募捐。私益募捐，是指公民个人或非公益组织的某单位、团体，基于特定目的而向特定范围内的多数人发起的募捐活动。比如，某单位工会在单位内部为救助某一大病困难职工开展面向所有单位职工的募捐活动。公益募捐行为归《慈善法》和《公益事业捐赠法》规制。私益募捐行为主要由民事法律法规加以调整和规范。

2. 私益救助型众筹与私益募捐

私益救助型众筹与私益募捐有着明显的区别：一是是否基于互联网向不特定多数人发布筹款项目（募捐倡议）。私益救助型众筹是基于互联网平台的一种线上众筹行为，发起人向不特定多数人发布筹款项目。而私益募捐是线下进行的，发起人向特定范围内的多数人发起募捐倡议。二是众筹行为的标的（募捐行为的标的）是否为金钱财产。私益救助型众筹作为互联网时代捐赠型众筹的一个分支，其众筹行为的标的是金钱财产，而非物品；私益募捐作为线下的一种募捐活动，其募捐行为的标的可以是金钱，也可以是物品。三是发起主体是否为求助者本人。私益救助型众筹的发起主体大多是求助者本人，或者是求助者近亲属以及求助者好友等；私益募捐的发起主体通常都不是求助者本人，实践中，私益募捐的发起方以求助者所在单位（或工会）、社区等居多。四是行为属性不同。私益救助型众筹具有明显的“利己”属性，而私益募捐以“利他”属性为主,比如社区为困难居民发起的募捐活动,社区为发起主体,但受益方是社区居民。

不可否认,私益救助型众筹与私益募捐在行为上具有一些相似性:一是二者都是非公益组织发起的筹款(募捐)行为;二是二者的行为目的都是“私益”,即救助特定的个体。但私益救助型众筹却借助互联网“无远弗届”的特性,在救助某一特定个体方面可以发挥更加高效的作用。在很多大病救助众筹的案例当中,其几天之内(甚至一天之内)[1]就能够筹集到几十万元的款项,这是线下的私益募捐无法做到的。

同时,私益募捐往往是私益救助型众筹的前置行为。因为在互联网上发起私益救助型众筹的求助者,通常被认定为已经穷尽了所有线下求助的方式(如向亲朋好友借钱,以及在其所在单位内部已经开展了私益募捐等)但还依然无法解决“燃眉之急”。因此,私益募捐行为往往发生在私益救助型众筹之前。

第二节　私益救助型众筹的发展现状

一、域外私益救助型众筹的发展

前文提到,众筹兴起于英美,因此私益救助型众筹在英美也比较普遍。美国众筹网站较多,其中 Kickstarter 是全球首家也是目前全球最大的众筹网站,于 2009 年 4 月在美国纽约成立,2015 年 9 月 22 日 Kickstarter 宣布重新改组为公益公司,其中运营的众筹项目非

---

〔1〕 参见复数实验室:《15 万数据解读大病众筹:谁能筹到救命钱?》,载澎湃新闻网 2019 年 1 月 31 日,https://www.thepaper.cn/newsDetail_forward_2925935。

常丰富,属于综合类众筹平台。截至 2021 年 8 月 31 日,他们已经从 207,467 个项目和 20,124,470 个支持者中筹集了 6,063,190,174 美元。但 Kickstarter 平台中运营的众筹项目主要还是以投资类为主,并不涉及公益众筹及个人众筹项目。Indiegogo 众筹平台也是一个综合众筹平台,成立于 2008 年。该平台初创时主要为电影类项目进行众筹融资,后来发展成综合类众筹平台,为各类创新创业项目提供众筹融资途径。Indiegogo 平台最突出的特色就是为众筹发起人提供最自由的平台政策,即不对众筹项目进行任何审查,而且众筹所得的每一笔资金都直接进入项目发起人账户。同时,与其他众筹网站不同的是,Indiegogo 平台的众筹项目即使未达到预期目标,也不宣告众筹项目失败将众筹资金如数退还给投资者,而是众筹发起人可以自由决定是否退还众筹资金。Indiegogo 平台支持公益众筹及个人众筹。Angel. co 和 SoMolend. co 主要是为初创企业和小企业进行众筹融资提供互联网平台。其中 Angel. co 主要是面向初创企业,而且其众筹项目的投资方不只包括个人,还包括很多风投机构。美国专注公益类项目的众筹平台主要是 CrowdRise. com,该平台目前公益众筹已经颇具规模,超过两万家慈善机构在该平台为慈善项目众筹融资超过 5 亿美元。[1]

美国主要运营个人捐赠众筹的平台是 Mightycause 平台、YouCaring 平台、GoFundMe 平台,以及 GiveForward 平台。其中 GiveForward 创办于 2008 年,其一直是个人医疗费用众筹领域的先驱,截至 2017 年 3 月,共帮助人们筹集了近 2 亿美元。YouCaring 运营的众筹项目除了包括个人众筹项目,还包括医疗众筹(美国的医疗众筹包括为个人治疗疾病发起的众筹以及为医疗科研项目发起的

---

〔1〕 参见海外众筹 Angelica:《国外现在有哪些众筹网站呢?》,载知乎网 2021 年 8 月 31 日,https://www. zhihu. com/question/20718222/answer/2095383757。

众筹)和慈善事业众筹,截至 2017 年 3 月其共帮助世界各地的人们筹集超过 5.5 亿美元。2017 年 3 月 29 日,YouCaring 宣布正式收购 GiveForward,从而成为更加专业的个人医疗费用众筹网站。[1]

GoFundMe 创始于 2010 年,在此平台上,个人可以为任何合法的理由而发起众筹,其中涉及媒体、教育、体育、家庭、慈善等共计 21 个种类的众筹项目,其项目总量已经超过 200 万个,也包括个人医疗众筹项目。GoFundMe 发展迅猛,自 2010 年成立以来,它在加拿大、英国等 18 个国家设立了分支机构,共筹集资金超过 50 亿美元。[2] 为了扩大规模,2017 年 1 月,GoFundMe 收购了前文提到的公益类众筹平台 CrowdRise,而后又在 2018 年 4 月收购了自己的竞争对手 YouCaring[3]。至此,GoFundMe 成为了主营公益众筹项目和个人众筹项目的全球最大众筹平台。目前,每天都有超过 10,000 人在 GoFundMe 上发起众筹活动。[4] 现在个人医疗众筹项目是 Gofundme 平台的"大生意",其所筹款项的 1/3 用于该网站每年进行的 25 万次医疗活动,在该网站帮助的人数已经达到数百万。同时,在 GoFundMe 平台筹集学费的比例占所有众筹项目的

---

〔1〕 See PR Newswire:*YouCaring Acquires GiveForward to Expand the Reach of the World's Leading Free Crowdfunding Platform*, New York [New York] 29 Mar 2017, last modified February 10, 2020, http://www.prnewswire.com/news-releases/youcaring-acquiveforward-To-expand-the-reach-of-the-worlds-leading-free-crowdfunding-platform-300430871.html.

〔2〕 参见李秦:《美国知名众筹平台 GoFundMe:医疗筹款占大头,"黑名单机制"规范网络募捐》,载搜狐网 2019 年 3 月 28 日,https://www.sohu.com/a/304297183_133140。

〔3〕 欧界传媒:《欧界时报丨慈善众筹平台 GoFoundMe 宣布并购 YouCaring,或扩张平台优势?》,载新浪微博 2018 年 4 月 15 日,https://weibo.com/3927577220/GaHIOwYFi。

〔4〕 参见 GoFundMe 官网,https://www.giveforward.com。

11%，仅次于筹集个人医疗费用。因此可以说，本书所称私益救助型众筹是GoFundMe平台的主营业务。GoFundMe创立之初，对所有众筹项目收取5%的服务费。但自2017年11月起，其取消了这一费用。同目前国内的轻松筹、爱心筹、水滴筹这三家大病众筹网站一样，GoFundMe在私益救助型众筹项目中不收取任何服务费。但是其平台具有打赏功能，这一功能与每笔2.9%的支付处理费用和非个人众筹（众筹发起人为机构）活动抽成构成了GoFundMe的收入来源。[1] 同时，该平台表示对于私益救助型众筹项目"没有目标要求，没有截止日期"，而且GoFundMe向捐赠人承诺"你的捐款受到保护。如果有不当之处，我们会全额退款"[2]。与此同时，GoFundMe上的项目也会通过诸如电子邮箱、推特等社交网络，由熟人好友分享给更多陌生人，从而提高了传播效率。

在加拿大、英国和美国，医疗众筹越来越多地被用于资助个人医疗保健费用，尽管各国的医疗体系存在重大差异。国外有学者曾经对GoFundMe平台上2018年2月至2019年3月加拿大、英国和美国的医疗众筹活动进行了对比分析。[3] 在此项研究中调查了1091名加拿大人，1082名英国人和1223名美国人。美国的医疗众筹活动平均筹资38,204美元，比加拿大（平均筹资12,662美元）和英国（平均筹资6285美元）筹集的资金更多。在这些医疗众筹中，癌症是最常见的医疗众筹原因（54.5%）。在所有的诊断中，主要用于常规治疗费用的活动美国比加拿大和英国高出三倍多（加

[1] 参见李秦：《美国知名众筹平台GoFundMe：医疗筹款占大头，"黑名单机制"规范网络募捐》，载搜狐网2019年3月28日，https://www.sohu.com/a/304297183_133140。

[2] 参见Giveforward官网，https://www.giveforward.com。

[3] See Sameh N. Saleh et al., *Crowdfunding Medical Care: A Comparison of Online Medical Fundraising in Canada, the United Kingdom, and the United States*, Journal of Medical Ethics, 2020, p. 43.

拿大21.9%，英国26.6%，美国77.9%）。尽管医疗众筹有可能在短期内减轻患者的医疗经济负担，但它可能带来更广泛的负面社会影响，包括促进医疗保健中的种族和性别差异。

二、中国私益救助型众筹的实践

（一）私益救助型众筹发展规模与平台现状

目前，私益救助型众筹的社会需求猛增，从而导致此类众筹发展规模非常可观。截至2018年10月，仅私益救助型众筹中在轻松筹、水滴筹、爱心筹三家众筹网站进行的大病救助类众筹就筹集超过400亿元。[1] 而2020年10月的一份《网络大病筹款平台行业洞察报告》显示：目前已经有超过500万人次大病家庭通过大病筹款平台发布求助信息，获得超过20亿人次的爱心响应。其中，截至2020年第三季度，仅水滴筹平台已成功为超过百万经济困难的大病患者免费筹得超过330亿元的医疗救助款，近3.3亿爱心人士支持了该平台的救助项目，共计产生超过10亿人次的爱心赠与行为。[2] 轻松筹平台也已经筹款超过255亿元。[3]

当前在我国有多家网站运营救助型众筹项目，总体上可以分为两类，一类是民政部指定的可以进行慈善募捐的互联网平台，另一类是运营私益救助型众筹的互联网平台。前者是为了规范网络

---

〔1〕 参见严慧芳：《筹款超400亿！三大网络筹款平台发布个人大病求助自律公约》，载南方+App客户端2018年10月20日，http://static.nfapp.southcn.com/content/201810/20/c1588170.html?group_id=1。

〔2〕 参见《〈网络大病筹款平台行业洞察报告〉发布》，载百家号“金名资讯”2020年10月30日，https://baijiahao.baidu.com/s?id=1681966080260920990&wfr=spider&for=pc。

〔3〕 参见轻松筹官方网站数据 https://www.qschou.com/sem/index.html?mp=baidu.pinzhuan.pc.01。

募捐行为，根据《慈善法》的相关规定，民政部分别于2016年、2018年和2021年先后指定了三批共32家互联网平台作为慈善组织互联网募捐信息平台。慈善组织可以通过上述网络平台开展公益性质的公开募捐，但个人求助事项无法通过此种途径开展募捐。目前在我国，运营私益救助型众筹的互联网平台主要有轻松筹、水滴筹、爱心筹、无忧筹等主要业务为个人大病求助的众筹平台。值得注意的是，在民政部首批公布的慈善组织互联网募捐信息平台中，也包括轻松筹平台。该平台主要运营私益救助型众筹项目，但也同时与多家慈善组织合作，具有开展慈善组织互联网募捐的资格。

目前国内运营私益救助型众筹项目的互联网平台多为混业平台。上述民政部指定的慈善组织互联网募捐信息平台中，新浪微公益、腾讯公益、公益宝、广益联募（原广州市慈善会慈善信息平台）四家平台既可以运营公益项目（为慈善组织开展网络募捐提供平台），同时也开辟了为私益救助型众筹提供信息服务的运营板块。私益救助型众筹项目在此类平台上通常被称为“医疗救助”（新浪微公益）、“疾病救助”（腾讯公益）、“求助”（公益宝）、“个人救助”（广益联募）。轻松公益是北京轻松筹网络科技有限公司主营公益项目的板块，轻松筹则主要面向个人求助者开展私益救助型众筹业务。水滴公益是北京水滴互保科技有限公司的公益众筹板块，其水滴筹业务属于私益救助型众筹，主要通过微信渠道运营。

《个人大病求助互联网平台研究报告（2022）》显示，据不完全统计，2014年9月至2021年年底，累计超过500万人次大病患者通过个人大病求助互联网服务平台发布求助信息，超过20亿人次通过水滴筹等大病求助平台捐赠资金，筹款规模超过800亿元。其中，2016年6月至2021年年底，累计超过251.1万人次通过水滴筹发起筹款,筹款总额484亿元,超行业总筹款额的一半。[1]

(二)私益救助型众筹的合法性

私益救助型众筹是互联网时代的新生事物,目前尚无专门法律规制。由于新生事物快速发展与成文法滞后性的天然矛盾,私益救助型众筹当前一些乱象频发。

慈善法律法规不规制私益救助型众筹行为。如前所述,私益救助型众筹不属于法定的慈善活动,因此其不在《慈善法》规制的范围之内。2016年《慈善法》颁布实施之后,民政部等四部委联合印发了《公开募捐平台服务管理办法》(以下简称《公开募捐办法》),其中明确了只有慈善组织有资格通过互联网平台进行公开募捐。也就是说,《公开募捐办法》明确禁止个人发起互联网公开募捐。但我国的《慈善法》并没有禁止私益救助型众筹这种公民个人之间的互济互助行为。《慈善法》还规定公民个人如果想通过这种公开募捐的形式来解决个人困难,可以与慈善组织合作,并由慈善组织为其开展公开募捐。[2] 但这种网络募捐并不是本书所论述的私益救助型众筹。

向不特定多数人公开筹集资金的行为一向为法律所严格限制,但个人求助行为不在此列。证券发行、股权众筹等以营利的目的的公开筹集资金的活动,受到证券法律法规的严格限制,稍有不

---

〔1〕 公益观察:《〈首份个人大病求助互联网平台研究报告〉显示:水滴筹年平均筹款额超117亿元》,载搜狐网2022年10月28日,https://gongyi.sohu.com/a/600585357_120146287。

〔2〕 2016年《慈善法》第26条规定:"不具有公开募捐资格的组织或者个人基于慈善目的,可以与具有公开募捐资格的慈善组织合作,由该慈善组织开展公开募捐并管理募得款物。"

慎,容易涉嫌“非法集资”。而慈善募捐虽然具有非营利性,但因其属于社会公益事业,涉及众多群体利益,所以由《慈善法》加以规制。私益救助型众筹作为一种个人求助行为,在当前我国的法治语境下并不在法律明文禁止的行为之列。“法无明文禁止即为许可”,因此,私益救助型众筹在我国具有合法性。

(三)法律法规与行业自律

私益救助型众筹属于个人求助行为。私益救助型众筹虽然也是捐赠人的一种善举,但在我国的法治语境下,并不属于法律意义的“慈善行为”。私益救助型众筹本质上属于一种公民之间的互济互助行为。站在私益救助型众筹发起方的角度,这实际上是一种个人求助行为,公民个人为了解决自身困难而借助互联网向不特定的多数人以筹集资金的方式求助。目前,这种行为适用《民法典》中合同编和侵权责任编等相关规定。实践中,2019 年 11 月北京市朝阳法院审判全国首例私益救助型众筹案,其判决结果也肯定了这一观点。这起案件最后法院判令被告莫先生(众筹发起人)隐瞒财产和挪用众筹款项的行为构成违约。[1] 同时,在私益救助型众筹中,求助者一方提供给众筹平台的信息较多,为避免求助者信息泄露,众筹平台的行为还受到《网络安全法》的规制。此外,关于求助者提供信息真实性的问题,在《公开募捐办法》中有所提及,《公开募捐办法》第 10 条的规定可以理解为私益救助型众筹中求助信息的真实性由发起求助的公民个

---

〔1〕 参见人民日报社:《全国首例网络众筹纠纷案:莫因滴水恩,敢欺公道心》,载百家号 2019 年 11 月 7 日,https://baijiahao.baidu.com/s?id=1649504067119046459&wfr=spider&for=pc。

人负责。[1] 如果运营私益救助型众筹的互联网平台有涉嫌侵犯众筹参与者个人信息的行为，遵照2021年11月1日起实施的《个人信息保护法》相关规定。

2018年10月，轻松筹、爱心筹、水滴筹三家主营大病众筹项目的平台联合签署了《个人大病求助互联网服务平台自律公约》，通过行业自律公约的形式对私益救助型众筹进行自我规范。2020年8月18日，上述三家平台联合360大病众筹共同签署升级版《个人大病求助互联网服务平台自律公约》。上述行业自律公约体现出了目前运营私益救助型众筹项目的互联网平台企业的社会责任，以及其积极推进"互联网+个人互助"新模式的决心和毅力。但行业自律这种刀刃向内的方式因缺乏强制力保障而难以稳定有效。

三、私益救助型众筹的现实问题

当前，随着私益救助型众筹的市场需求与市场份额不断增加，实践中也存在众筹平台对求助者信息审核把关不严、众筹款项被求助者挪作他用、剩余款项归属不明，以及在私益救助型众筹发生民事欺诈时存在救济困难等众多问题。这些问题的出现，严重背离了私益救助型众筹将共享经济与公民善心有机结合的初衷，私益救助型众筹平台在不断激进地占领市场份额的同时，也在消费着广大公民的善良"额度"。

---

[1] 《公开募捐平台服务管理办法》第10条规定："个人为了解决自己或者家庭的困难，通过广播、电视、报刊以及网络服务提供者、电信运营商发布求助信息时，广播、电视、报刊以及网络服务提供者、电信运营商应当在显著位置向公众进行风险防范提示，告知其信息不属于慈善公开募捐信息，真实性由信息发布个人负责。"

(一)求助者信息不实问题

求助者信息不实问题包含两种情况:一种是确实存在众筹事由,但隐瞒真实财产信息。比如自己或亲友重病,需要诊疗费,但求助者隐瞒其真实财产情况,即求助者隐瞒自己有钱解决众筹事由的事实。比如罗一笑事件[1]与德云社吴鹤臣事件[2]。另一种是虚构或者夸大众筹事由。比如,求助者伪造病历等求助信息,虚构、夸大或者冒名顶替,用不真实的信息发起私益救助型众筹。

求助者信息真实性是保障捐赠人赠与目的实现的基础。仅靠公民个人道德约束难以限制人性中趋利的天然基因,因此众筹平台应担起审核求助者信息的职责。然而实践中,私益救助型众筹平台对求助者信息的审核通常流于形式。以轻松筹平台为例,求助者(发起人)只需要在主页上填写手机号、验证码、患者所患疾病,以及为谁筹款等简单信息,即可完成登记。随后便有专职的筹款顾问(众筹平台工作人员)打来电话对求助者(发起人)进行筹款咨询和指导。但筹款顾问指导的内容大多与审核无关,这种咨询和指导的目的只是快速促成筹款,教会求助者(发起人)操作每一步平台规定的流程以及如何快速大量地转发筹款链接等。

在很多大病众筹案例中,患者病历是其关键性求助信息。真

---

〔1〕 2016年11月底,一篇题为《罗一笑,你给我站住!》的文章在微信朋友圈被疯狂转发。这篇文章描述了作者罗尔的女儿罗一笑身患白血病但缺钱医治的悲情故事,作者直击人心的笔触引发了广大网友的善心,此篇文章获得了微信打赏金260万余元。但事后网友发现罗尔的家庭财产状况很好,其拥有三处房子一辆车子,不符合社会救助的标准。此事引得舆论哗然,多数网友指责罗尔瞒报信息欺骗公众。

〔2〕 2019年4月,德云社演员吴鹤臣突发脑出血住院,其妻子在水滴筹平台发起众筹,募捐医疗款项,最终筹得14万余元。事后网友发现吴鹤臣家有房有车,认为其不符合社会救助标准。

实的患者病历可以作为充分证明其求助事由的证据之一。但实践中大多私益救助型众筹平台对病历采用“放水”式审核,众筹平台对病历真实性不进行考察,导致很多虚假求助者通过伪造病历[1]迅速获得求助资格。一些众筹平台为了尽快促成筹款,也会采取边审核边筹款的模式,也就是对求助者信息审核尚在进行中时就生成筹款链接,求助者(发起人)便可以开始转发链接发起筹款了。[2] 2018年6月,网络一则视频《轻松筹监管漏洞调查:花360元中介费即可轻松发起虚假募捐》[3]曝光了一些想在轻松筹发起求助的用户只需付给黑中介360元即可得到黑中介帮助其伪造的病历,并很容易通过众筹平台审核从而发起筹款。

由于私益救助型众筹平台对求助者信息的真实性审核“简单粗暴”,求助者(发起人)只需要在形式上将平台要求提交的相关资料“凑足”即可,至于材料是否真实并不影响众筹的发起,因此导致虚假求助和“骗捐”事件屡屡发生。有人虚构病情、有人夸大病情、有人冒名顶替,各种不实求助信息导致私益救助型众筹乱象丛生,致使一些本无困难却道德缺失的人获得大量资金,而一些真正有困难但对自己有道德约束的个人却并未获得帮助。随着私益救助型众筹越来越多地陷入审核不严导致的虚假骗局,近年来水滴筹平台率先开启了社交网络熟人验证和水滴筹大数据验证等模式,但收效甚微。

---

〔1〕 伪造虚假病历手段很多,有人用PS技术伪造病历,也有人通过医疗机构相关人员开具不实病历等。

〔2〕 参见《水滴筹“放水”式审核 是做公益还是做生意?》,载百家号“人民网”2019年12月6日,https://baijiahao.baidu.com/s?id=1652126705381350898&wfr=spider&for=pc。

〔3〕 参见洮南那点事儿:《曝光:轻松筹现监管漏洞,花360元中介费可发起虚假募捐》,载新浪网2018年6月30日,http://k.sina.com.cn/article_5839567024_m15c10b8b001900ae4z.html。

现实中,如果以真实性为原则,求助者(发起人)给众筹平台提供相关身份和求助信息资料需要一定周期(如找医生开具盖有医院公章的诊断证明),众筹平台如若不严格审核,那更多求助者(发起人)为了尽快发起筹款,即便是真有困难可能最终也会选择伪造信息的非法手段。因此,遏制私益救助型众筹之乱象,首先需要通过法治方式强化众筹平台对求助者信息真实性的严格审核责任。

(二)滥用众筹款项问题

如前所述,私益救助型众筹中捐赠人将其财产无偿赠与求助者,其赠与的目的很明确,即将该财产用于救助求助者发起众筹时所称事由。但现实中,由于私益救助型众筹门槛低同时又高效便捷、极容易发起,所以很多网友动起了“借机发财”的心思。[1] 如前文提到的2019年11月6日,北京市朝阳区人民法院的全国首例大病众筹判例,被告莫先生以为患有重疾的儿子治病为由发起众筹,提现后却将所筹款项挪作他用,最终被其妻子举报至水滴筹平台。[2] 上述案例中,确实存在发起私益救助型众筹的事由,但发起人最终并未将所筹款项用于发起众筹时所称事由。如果私益救助型众筹款项不能用于发起众筹之目的,那么此类众筹的社会互助功能就会逐渐丧失,进而失去其社会价值。

在私益救助型众筹中,求助者(发起人)滥用所筹款项的情形时有发生,主要原因在于运营此类众筹项目的平台对此缺乏监管。

---

〔1〕 参见邓舒夏:《大病众筹会成为下一个“网络诈骗”工具吗?》,载新浪网2019年5月15日,https://tech. sina. com. cn/i/2019 - 05 - 15/ doc - ihvhiews1987809. shtml。

〔2〕 参见人民日报社:《全国首例网络众筹纠纷案:莫因滴水恩,敢欺公道心》,载百家号2019年11月7日,https://baijiahao. baidu. com/s? id = 1649504067119046459&wfr = spider&for = pc。

目前多数运营私益救助型众筹项目的平台会在筹款期结束后,要求求助者填写一些简单的信息(如相关医疗信息、房产车辆情况,以及收款信息等),之后便可在24小时之内从微信一次性提取所筹款项。有的网站,比如水滴筹增加了一道提现的关卡,即社交网络熟人验证,通过验证之后方可提取所筹款项。而之后的众筹款项使用情况,各个私益救助型众筹网站均是本着求助者(发起人)自愿原则上传即可,并无强制性规定。当前运营私益救助型众筹项目的平台多以提供信息服务技术的平台身份自居,以减轻其对所筹款项按众筹目的使用的监管责任,这就使得挪用款项的情况难以遏制。毕竟,如果只依靠求助者(发起人)自律和亲友监督来解决私益救助型众筹中滥用众筹款项的问题,那么无形中提高了对参与此类众筹的公民道德素质的普遍要求,比如上文北京朝阳法院之判例中挪用款项之事实被当事人妻子揭发的情况,这种情况属于特例,毕竟鲜有发生。任何社会都无法要求通过全民自律来避免各种乱象的发生,因此众筹平台作为私益救助型众筹活动中的关键纽带,必须通过法治强化其对所筹款项使用的监管责任。

(三)剩余款项归属问题

前文提到,私益救助型众筹有可能出现所筹款项剩余的问题。比如大病众筹中比较常见的,当求助者突然病逝或者提前病愈而所筹款项尚有剩余的情况。目前,对于剩余款项的归属和如何合理使用的问题争议较大。

比如,2015年的夫妻众筹救女后晒出国旅游照事件[1]就引起了广大网友对私益救助型众筹中剩余款项归属的争论。在此事件

---

〔1〕 参见西安晚报:《夫妻众筹救女后晒出国旅游照,网友:感觉受骗》,载搜狐网,http://news.sohu.com/20160305/n439449644.shtml?p_dqk20.html。

中，广东佛山的一对夫妻为自己身患重疾的女儿在轻松筹发起筹款，而后其女儿因医治无效身亡，此时众筹款项仍剩余6万元左右。此后，这对夫妻用余款中的1万多元去了一趟西藏，理由是为女儿“做法事”。之后不久这对夫妻又在朋友圈晒出了去国外度假的照片。这些举动通过社交网络被网友“尽收眼底”。由于私益救助型众筹借助社交网络之优势而发起筹款，因此捐赠人很多都是求助者（发起人）的亲朋好友。一旦发生所筹款项剩余的情况而求助者（发起人）又没有处理得当，就会在捐赠人中引起极其恶劣的影响，进而影响网友参与私益救助型众筹奉献爱心的热情。剩余款项不能被合理处置，终会导致私益救助型众筹沦为网络时代的又一次“看上去很美”的失败尝试。

目前针对剩余款项的归属，有三种观点。第一种观点认为，求助者（发起人）可以不予返还，随意处置；第二种观点认为，剩余款项应当返还捐赠人；第三种观点认为，私益救助型众筹也属于公民做慈善，其目的是救助陷入困境的人们，那么剩余款项可以转赠给其他需要帮助的人。三种观点均有一定的合理性。但目前由于平台规则和相关法律规范的缺失，剩余款项的归属以及合理使用问题仍尚未明确。

（四）民事欺诈救济困境

由于上述求助者信息不实以及滥用众筹款项等问题频繁发生，私益救助型众筹涉嫌民事欺诈的情况越来越多。在这种情况下，捐赠人的善心受到损害，同时其财产权益也受到侵害。但私益救助型众筹往往是众人小额捐赠的结果，当发生民事欺诈时，成百上千的捐赠人如果要集结起来联合发起一场诉讼实在不能想象。在此情况下，捐赠人如何进行权利救济，平台是否应当同时承担责任，目前尚无法律明确规定。

本章小结

私益救助型众筹属于捐赠型众筹,是一种公民之间通过网络的互济互助行为,具有广义的慈善性质。但在我国,慈善法律法规并不规制公民个人求助行为。

网络时代,向不特定多数人公开筹集资金的活动形式多种多样。其中互联网慈善募捐、公益众筹、个人网络公益募捐、网络互助、私益募捐等筹资活动与私益救助型众筹表征相似,因此经常被大众混淆。本章在区分这几种表征相似的行为的基础上,对私益救助型众筹概念的厘定进一步明确——公民个人因陷入困境而通过互联网众筹平台发起求助,捐赠方以资金形式施以善意的一种大众筹资活动。且此种众筹本身须具有救助性质,为实现梦想而发起的私益众筹不在此列。众筹模式兴起于英美,因此个人捐赠众筹平台在英美也较为普遍。与国内私益救助型众筹平台不同,在域外的此类众筹平台上,个人可以为任何合法的理由而发起众筹,其中包括但不限于个人医疗众筹项目(类似于国内的个人大病求助,或称大病众筹)。美国 GoFundMe 网站是目前主营公益众筹项目和个人众筹项目的全球最大众筹平台,在 18 个国家设立了分支机构,共筹集资金超过 50 亿美元。与此同时,中国国内的私益救助型众筹也处于迅猛发展时期。作为社会保障体系的有益补充和共享经济的重要组成,目前国内此类众筹规模已达上百亿元。

但私益救助型众筹作为新生事物,目前尚处于“无法可依”的状态。虽然法律并不禁止个人求助行为,这使私益救助型众筹具有合法性,但行业自律的局限和传统法律在互联网领域的滞后性却导致私益救助型众筹乱象丛生。当前,私益救助型众筹的主要问题集中在四个方面:求助者信息不实问题;滥用众筹款项问题;剩余款项归属问题;民事欺诈救济困境。这些问题都亟待监管与立法规制。任何行业创新都不能寄希望于自我克制带来繁荣发展与良性循环,市场经济条件下的一切创新模式得以持续运营和获利的基础必然是在法治的框架下进行。

第二章　私益救助型众筹的法律关系

第一节　私益救助型众筹各主体间的法律关系

一、发起人与求助者的法律关系

实践中,发起私益救助型众筹项目的主体存在两种情况,一种是求助者本人,另一种是求助者以外的人。第二种情况通常是求助者的近亲属或者朋友、同学等关系亲密的人,但也不排除热心帮忙的其他人作为发起人的情形。

(一)代理关系的成立

代理,是指代理人代被代理人实施民事法律行为,其法律效力直接归属于被代理人的行为。[1] 当私益救助型众筹中的发起人与求助者分离时,发起人相当于代理人,求助者相当于本人,捐赠人为相对人。也就是说在这种情况下,发起人获得了求助者的代理权,其代理的事项是通过运营私益救助型众筹项目的互联网平台发布求助信息,相当于发出要约,当捐赠人在众筹平台实施捐款行为时,相当于求助者与捐赠人订立了赠与合同。在这一关系中,发

〔1〕 参见《中华人民共和国民法典(实用版)》,中国法制出版社2020年版,第133页。

起人以求助者的名义与捐赠人订立赠与合同,并且赠与合同的效力直接及于求助者。

在私益救助型众筹实践中,当发起人与求助者分离时,产生代理关系,但区分为法定代理和委托代理两种情形。法定代理,是指依据法律规定而产生代理权的代理。法定代理主要适用于被代理人为无民事行为能力人或限制民事行为能力人的情形。而委托代理是指基于被代理人的委托授权而产生代理权的代理。实际上,发起人多数情况下是求助者的近亲属,也有少数朋友或同学等无亲属关系的发起人。在发起人是求助者近亲属,如父母或子女的情况下,如果二者之间存在法定监护关系,则二者构成法定代理。但如果求助者是具有完全民事行为能力的自然人,则即便是求助者的父母或子女代为发起私益救助型众筹,也不属于法定代理情形。因为从理论上说,行为能力分为认知能力和控制能力。假如求助者作为成年人,虽患重病但意识清醒,对发起私益救助型众筹的行为有足够的认知能力和控制能力,则不能认为该求助者为限制民事行为能力人。那么上述情形当属委托代理。同时,如果发起人并非与求助者有监护关系的近亲属,而是其他亲属或朋友、同学,经求助者授权后发起人与求助者构成委托代理。

区分发起人与求助者的关系属于法定代理抑或委托代理的意义在于发起人对众筹款项以及剩余款项是否拥有支配权。在发起人与求助者构成委托代理关系中,发起人无权支配众筹款项(捐赠财产)。在私益救助型众筹活动中,因众筹事由灭失而导致款项有所剩余时,即便剩余款项归属于求助方[1],作为委托代理人的发起人也不能对剩余款项主张权利。因为在代理关系中代理人实施民事行为的法律效力直接归属于被代理人,剩余款项即便捐赠人

---

〔1〕 私益救助型众筹剩余款项归属问题在第五章集中探讨,此处不再赘言。

不主张返还,其所有权也应当归属于求助者,而非发起人。但如果二者存在监护关系,属于法定代理的情形则另当别论。在法定代理的情形中,若求助者属于限制民事行为能力人,发起人作为法定监护人有权支配众筹款项甚至剩余款项。

(二)无因管理的排除

私益救助型众筹中发起人与求助者构成代理关系时需要确定一个关键因素,即发起人的众筹行为是否征得求助者同意(法定代理默认同意)?在求助者不知情的情况下,发起人代为发起的私益救助型众筹是否属于无因管理?

实践中有这样的案例:甲发生意外受重伤,乙作为甲的朋友在其不知情的情况下发起私益救助型众筹。众筹所得款项最后打进乙的银行账号,所筹款项的一部分用于甲的治疗。后甲的监护人发现了乙的众筹行为,以无因管理为由请求法院判令乙返还剩余款项。[1]

无因管理是指没有法定的或约定的义务,为避免他人利益受损失,自愿管理他人事务或为他人提供服务的行为。无因管理制度的设立是为了保护避免他人利益受损而热心帮助他人管理他人事务的一种民事法律制度安排。无因管理的管理人并不当然应管理他人事务或为他人提供服务,管理人的行为只是一种施以援手的善意表达,且其管理行为的主旨是"避免他人利益受损"[2]。本案中,乙为甲发起私益救助型众筹的行为确实是一种乐于助人的善意行为,意图通过众筹从而帮助甲解决实际困难。但本质上乙

---

〔1〕 参见刘千、殷芹:《私自为他人发起网络"众筹"不构成无因管理》,载《人民法院报》2017 年 10 月 12 日,第 7 版。

〔2〕 《民法典》第 121 条规定:"没有法定的或者约定的义务,为避免他人利益受损失而进行管理的人,有权请求受益人偿还由此支出的必要费用。"

的行为属于增进甲的利益之行为,并不属于避免其利益受损的行为。因此,在这种特殊情况下,乙作为私益救助型众筹的实际发起人与求助者甲的法律关系不属于无因管理。

二、求助者与捐赠人的法律关系

《民法典》第 657 条规定:“赠与合同是赠与人将自己的财产无偿给予受赠人,受赠人表示接受赠与的合同。”从赠与关系的构成来看,私益救助型众筹中捐赠人将自己的财产通过众筹平台,无偿给予求助者,同时求助者表示接受该赠与,因此求助者与捐赠人的赠与关系成立。但私益救助型众筹与一般赠与关系有所不同。在一般赠与关系中,赠与人的财产权转移给受赠人之后,受赠人可以随意处置此捐赠财产。但私益救助型众筹具有社会意义的慈善属性,捐赠人无偿赠与财产的行为是为了追求“扶贫济困”的目标,更具体地说是为了帮助求助者解决其发起众筹时所称的具体事由,行为指向性非常明确。因此在这个意义上来说,私益救助型众筹与公益众筹中赠与合同性质一致,是一种特殊的赠与合同,即赠与的标的物必须用于特定用途(慈善事务)。关于私益救助型众筹中求助者与捐赠人之间究竟属于何种特殊赠与关系,学界存在附义务赠与、附解除条件的赠与以及附目的的赠与三种观点。

(一)附义务赠与说

有学者认为,私益救助型众筹中的求助者与捐赠人之间的赠与合同应该属于附义务赠与合同。[1] 根据《民法典》合同编中关

〔1〕 参见李畅、梁潇:《个人救助式众筹的法律监管研究》,载《电子科技大学学报(社会科学版)》2019 年第 6 期。

于附义务赠与的相关规定“受赠人应当按照约定履行义务”[1]。持此观点的学者认为，从运营私益救助型众筹的互联网平台用户协议相关内容可以判断其均符合附义务赠与的特征：一是众筹平台用户协议中的发起人义务责任条款。诸如轻松筹等个人大病求助互联网服务平台会特别注明，私益救助型众筹的发起人应当对自己信息的真实性负责，同时承诺所筹款项用于受助人，并积极配合平台和捐款人的要求及时出示相关证明材料等。这些用户协议中的内容均可理解为附义务赠与合同中所附加的“义务”。二是违背上述约定的平台处置原则。多数个人大病求助互联网服务平台用户协议中均提到，如果发起人或求助者被举报其发布的信息不实或者救助款项挪作他用，平台经调查后有权在该私益救助型众筹项目上线期间将所筹款项原路返还捐赠人。上述互联网平台的用户协议条款均印证了私益救助型众筹赠与合同的特殊性，即捐赠人将其财产无偿赠与求助者，其行为的指向性非常明确。持附义务赠与说的学者认为这种明确的指向性可以理解为求助者必须履行的义务。

(二)附解除条件的赠与说

《民法典》第158条规定：“民事法律行为可以附条件，但是根据其性质不得附条件的除外。附生效条件的民事法律行为，自条件成就时生效。附解除条件的民事法律行为，自条件成就时失效。”上述法律条文中的“条件”，是指未来发生的某种事实，这种事实可以决定法律行为的效力，且该事实具有不确定性。

因此有学者认为，私益救助型众筹中捐赠人无偿捐出自己财

---

[1] 《民法典》第661条规定：“赠与可以附义务。赠与附义务的，受赠人应当按照约定履行义务。”

产给求助者的行为属于一种附条件民事行为,具体说是一种附解除条件的赠与行为,是默认私益救助型众筹的捐赠人和求助者之间约定了一种解除条件"即当发生所筹款项剩余的情况时[1],该赠与合同失效"。根据此观点,如果发生私益救助型众筹所筹款项剩余,即为解除条件成就,则合同失效,剩余款项应返还给私益救助型众筹的捐赠人。

(三)附目的赠与说

附目的赠与,也称目的性赠与,是指赠与人将其财产赠与受赠人是为帮助其达到某一特定目的的一种赠与行为。附目的赠与和附义务赠与都是特殊的赠与合同。一般的赠与合同是单务无偿合同,但附义务赠与合同与附目的赠与合同则具有双务性的特征。根据我国《民法典》的相关规定,附义务赠与属于法律概念,而附目的赠与则属于学理概念,在我国《民法典》中并无明文规定。大陆法系通常认为,附义务赠与和目的性赠与均为赠与的不同类型,属一般赠与的例外情形,且不具有无偿性。

持此种观点的学者认为,私益救助型众筹中求助者与捐赠人之间是附目的赠与关系[2],因为捐赠人将自己的财产赠与求助者具有明确的目的性,即帮助其摆脱当下的经济困境。这一明确的目的其实是由求助者发布的求助事由所决定。也就是说,在私益救助型众筹的赠与合同中,求助者在众筹平台发布求助信息并通过社交网络转发其求助链接,这一行为可以视为要约;而后捐赠人在众筹平台捐款的行为视为承诺;当众筹平台将所筹款项打到求

[1] 参见李华龙:《我国慈善众筹的法律问题研究》,广东外语外贸大学2017年硕士学位论文,第7页。

[2] 参见崔震、李芳:《个人求助网络募捐平台的法律监管》,载《社科纵横》2019年第4期。

助者账户时，即为赠与合同成立。因此，私益救助型众筹中求助者与捐赠人之间的赠与关系天然具有明确的目的性，即求助者所筹款项必须用于其求助事由，否则该赠与合同无效。

（四）观点评述

上述三种观点均存在一定合理性。但要具体界定私益救助型众筹中求助者与捐赠人之间的法律关系，还要明确二者法律关系的确定是否有助于解决当下私益救助型众筹所面临的诸多问题，以及是否符合私益救助型众筹行为本身的特殊性。

“义务”与“目的”的区分。在附义务的赠与合同中，当受赠人不履行义务或不当履行其义务时，赠与人有两种选择——撤销合同并请求返还财产或者要求其履行该赠与合同所附义务。而附目的赠与合同，是指赠与人是基于特定目的而为的赠与，并非增加受赠人义务。所以当受赠人不按照合同约定的特定目的处分赠与财产时，赠与人享有合同撤销权，可以要求受赠人返还财产，但并不能要求受赠人必须按照约定的目的继续履行合同。具体到私益救助型众筹中，求助者须将捐赠人赠与的财产用于其求助事由，这究竟属于一种“义务”还是“特定目的”？笔者认为应当属于后者。因为，在求助者没有将所筹款项用于其求助目的时，捐赠人无法要求求助者必须为此行为，所以这一行为不能推定为附义务赠与合同中的“义务”之范畴。与此同时，在发生众筹款项剩余的情况下，如果将私益救助型众筹中的赠与合同界定为附义务赠与，针对剩余款项，捐赠人无权请求返还。因为求助者已经按约定履行了合同义务，即将众筹款项用于众筹事由，而剩余款项的返还并不在“义务”范畴之列。而将私益救助型众筹中的赠与合同界定为附目的赠与则不同，捐赠人参与私益救助型众筹并捐出自己财产是为了特定目的，即发起众筹所称事由，故可以将此目的看作是赠与合同的生效条件。因此，已经用于众筹事由的款项，可界定为赠与已经生效，捐赠人不得要求返还；剩余款项可以界定为不符合赠与生效条件，捐赠人可以要求受赠人返还。

“解除条件”与“目的”的区分。私益救助型众筹所筹款项剩余的情况主要分为众筹事由灭失和众筹事由自始不存在，后者可以归为求助者的欺诈行为（在本书第六章专门讨论，此处不再赘述）。众筹事由灭失的情况普遍发生，以大病众筹为例，很多求助者的所筹款项尚未使用完，其已经病愈出院，那么剩余款项的归属便成为值得讨论的问题。在附解除条件的赠与合同中，如果将“款项剩余”约定为合同解除的条件，那么当众筹事由灭失，所筹款项仍有剩余时，该合同失效。此时，捐赠人可基于合同失效，请求返还剩余款项。在附目的赠与合同中，如果求助者未按照约定目的将所筹款项用于求助事由，则构成违约，捐赠人有权撤销合同并请求全额返还捐赠财产；如果求助者按照约定目的将所筹款项用于求助事由但仍有剩余，那么此时针对剩余款项，捐赠人也有合同撤销权，可以请求返还剩余款项。

综上所述，将私益救助型众筹中求助者与捐赠人的法律关系界定为附目的赠与更为妥当，一是符合私益救助型众筹行为的基本属性，即救助性（赠与合同所附目的即为救助）；二是附目的赠与之关系更加利于保护捐赠人在面临欺诈和款项剩余时的财产权。需要注意的是，附解除条件的赠与关系成立前提是需要在合同中明示“解除条件”。2020 年 8 月，由几家大病众筹平台联合签署的《个人大病求助互联网服务平台自律公约》中明确规定“对于受助人接受赠与的救助金，在用于大病治疗等用途后仍有剩余的，应按原路退还赠与人，并应当在前期发起人在平台发起求助时即以协议进行约定”。据此，是否将私益救助型众筹中的捐赠人与求助者的法律关系界定为附解除条件的赠与关系，应当取决于众筹平台的用户协议中是否对剩余款项的返还进行明示的约定。如果明确约定了此项内容,则可以将私益救助型众筹中捐赠人与求助者的法律关系界定为:兼具附特定目的和附解除条件的赠与合同关系。

三、求助者、众筹平台与捐赠人的法律关系

学界关于私益救助型众筹中求助者、众筹平台与捐赠人三方构成的法律关系存在不同看法。

(一)利他合同说

利他合同并不在《民法典》合同编第二分编所规定的典型合同之列,而是一种可以在一切合同关系基础上产生利他约款的合同形态,通常形态为在基础合同之中加入约定利益第三人的条款。[1] 比较典型的利他合同有保险合同。大陆法系有"任何人不得为他人缔约"的传统,因此利他合同是现代民法的产物。作为对合同相对性原则的突破,利他合同被大陆法系和英美法系相继承认主要是基于对当事人意思的尊重以及对第三人信赖利益的保护,当然也有节约成本的考量。《民法典》中也确立了我国的为第三人利益合同制度。[2]

私益救助型众筹因发起主体的不同分为两种情形:第一种是发起人即为求助者本人;第二种情形是发起人为求助者的近亲属或者朋友。持此种观点的学者认为,利他合同之法律关系只适用

〔1〕 张继承、王浩楠:《利他合同制度的法教义学分析——〈民法典〉第522条的解释论展开》,载《时代法学》2021年8月,第40页。

〔2〕 参见《民法典》第522条第2款规定,"法律规定或者当事人约定第三人可以直接请求债务人向其履行债务,第三人未在合理期限内明确拒绝,债务人未向第三人履行债务或者履行债务不符合约定的,第三人可以请求债务人承担违约责任;债务人对债权人的抗辩,可以向第三人主张。"

于私益救助型众筹的第二种情形,即发起人与求助者分离。实践中,一些求助者因病重、年幼、年老、不会使用网络等诸多原因,无法自己求助,所以由其近亲属或者朋友帮忙发起私益救助型众筹。在这种情形下,私益救助型众筹被一些学者认为是由发起人与捐赠人签订的一个利他合同,双方基于众筹发布的信息内容达成合意,捐赠人向求助者履行捐赠财产义务,求助者基于该合同而享有众筹款项的财产权。[1]

利他合同说是否能站得住脚,笔者认为要考虑两个问题:一是发起人与求助者的法律关系;二是合同双方真正的意思表示。如前所述,发起人与求助者是代理关系,发起人作为代理人以求助者的名义发起私益救助型众筹,其法律效果归于被代理人,即所筹款项的所有权归于求助者。从这个角度来说,发起人与捐赠人签订的合同并不属于利他合同。若为利他合同,则发起人为合同的当事人。但基于代理关系,发起人并非私益救助型众筹赠与合同的当事人,求助者才是该合同的一方当事人。关于订立私益救助型众筹赠与合同的意思表示问题,利他合同中,合同双方的意思表示是约定一方向第三人为一定的给付义务。但私益救助型众筹中的赠与合同成立,完全是基于捐赠人的自愿捐助行为,并非发起人通过合同约定而为捐赠人设定的给付义务。因此,从意思表示的角度来看,私益救助型众筹中发起人、求助者与捐赠人之间的关系不属于利他合同。

(二)居间关系说

原《合同法》(已失效)第424条规定:居间合同是居间人向委

〔1〕 参见刘敏:《我国个人捐赠众筹的法律问题分析》,南京大学2019年硕士学位论文,第54页。

托人报告订立合同的机会或者提供订立合同的媒介服务，委托人支付报酬的合同。2021 年 1 月 1 日起实施的《民法典》则将居间合同改为了中介合同。[1]《民法典》第 961 条规定：中介合同是中介人向委托人报告订立合同的机会或者提供订立合同的媒介服务，委托人支付报酬的合同。居间（中介）行为的本质其实是一种商业行为，居间（中介）人通过自身获取的信息为交易双方牵引联系，目的是促成交易进而从中获利。

持此观点的学者认为，私益救助型众筹属于媒介居间行为。因为从行为的表征来看，私益救助型众筹中，众筹平台确实扮演着“中间人”的角色，其为捐赠人和求助者提供了一个信息交互的媒介，使双方能够充分获知相关信息，创造了订立合同的机会，从而促成双方赠与关系成立。其中，求助者是居间合同的委托人，众筹平台是居间人，捐赠人是通过居间人提供的求助信息交互平台服务而与委托人订立合同的相对人。[2]

笔者认为，私益救助型众筹中的求助者、众筹平台和捐赠人三方能否构成居间关系，要考察两个关键问题：一是私益救助型众筹平台是否为居间行为的订约媒介？所谓订约媒介，是指介绍双方

---

〔1〕 中介合同本质上并不属于《民法典》新增的典型合同。《民法典》中有关“中介合同”的内容与原《合同法》中关于“居间合同”的规定基本一致，因此居间合同和中介合同在法理上意思一致。《民法典》是“社会生活的百科全书”，是新中国第一部以法典命名的法律，全方位地体现了对人民权利的充分保障，因此从立法语言上用“中介”二字更加通俗易懂，易于普通民众理解，同时也体现了新时代立法理念的与时俱进。与此同时，《民法典》的“中介合同”中还增设了关于长期存在于中介服务活动中的“跳单”行为的规定，即《民法典》第 965 条规定“委托人在接受中介服务后，利用中介人提供的交易机会或者媒介服务，绕开中介人直接订立合同的，应当向中介人支付报酬”。此新增规定体现了《民法典》对中介人利益的充分保护。

〔2〕 参见杨宇昕：《众筹式网络个人求助的监管路径——以轻松筹为样本》，华东政法大学 2018 年硕士学位论文，第 35 页。

当事人订立合同,居间人不仅要为委托人提供相关的信息,而且要斡旋于交易双方之间,从而促成双方订立合同。[1] 实践中,开展私益救助型众筹的互联网平台确实为求助者和捐赠人提供了使赠与合同成立的相关信息,而且诸如水滴筹"扫楼"等事件也证实了众筹平台为了促成求助者和捐赠人订立合同的"斡旋"行为的存在。但订约媒介的工作应止于合同的订立,即订约媒介不负有审查交易方信息以及管理合同标的之义务。但实践中,私益救助型众筹平台须负有审查和管理义务(该义务笔者会在第三章及第四章详细论述,此处不赘言)。二是在私益救助型众筹活动中,众筹平台是否提供有偿服务？居间合同是有偿合同,但在我国目前的实践中,开展私益救助型众筹业务的众筹平台均不在此业务中收取任何费用。在私益救助型众筹兴起之初,国内各大此类平台多数是收取一定费用的。比如 2017 年 5 月[2]以前,轻松筹平台一直在此项业务中收取 2% 的手续费。但随后几年,随着平台融资的成功和"诈捐"事件的频发,此类众筹平台纷纷开始采取 0 服务费策略。虽然从 2022 年 4 月起,最初坚持"0 手续费"的水滴筹平台随着运营成本的急剧攀升开始收取 3% 的筹款服务费,但截至 2023 年 8 月,轻松筹、爱心筹、无忧筹等平台仍然坚持"0 手续费"。

综上所述,笔者认为,私益救助型众筹中求助者、众筹平台与捐赠人三方不构成典型的居间关系。

---

〔1〕 参见魏振瀛主编:《民法》(第 4 版),北京大学出版社、高等教育出版社 2012 年版,第 547 页。

〔2〕 参见《日照日报》:《轻松筹以大手笔反哺公益,0 手续费再次彰显核心价值观》,载百家号 2022 年 12 月 30 日,https://baijiahao.baidu.com/s?id=1753629077000312587&wfr=spider&for=pc。

(三)信托关系说

《信托法》第2条规定:“本法所称信托,是指委托人基于对受托人的信任,将其财产权委托给受托人,由受托人按委托人的意愿以自己的名义,为受益人的利益或者特定目的,进行管理或者处分的行为。”由此可见,信托关系的成立需要具备六个基本条件:一是信托关系有三方参与,即委托人、受托人、受益人;二是信托关系基于委托人对受托人的信任而成立;三是委托人将财产权委托给受托人进行管理或处分;四是受托人按照委托人的意愿管理和处分委托人的财产;五是受托人以自己的名义,管理或处分委托人的财产;六是受托人应该为受益人的利益或者特定目的而管理或处分委托人的财产。

私益救助型众筹在行为表征上与信托关系具有相似性。二者至少在五个方面存在共性:一是私益救助型众筹与信托关系中都有三方主体参与,前者的捐赠人可类比于后者的委托人,前者的众筹平台可类比于后者的受托人,前者的求助者可类比于后者的受益人;二是私益救助型众筹中捐赠人捐出财产的行为得以成立是基于对众筹平台的信任,符合信托关系成立的第二个条件;三是私益救助型众筹中,捐赠人将捐赠的财产转移给众筹平台之后,即将财产权转移至众筹平台,此时相当于捐赠人将其委托给众筹平台进行管理和处分,符合信托关系成立的第三个条件;四是私益救助型众筹中众筹平台将捐赠人的财产转给求助者,以帮助其解决燃眉之急,是按照捐赠人的意愿来管理和处分其财产,符合信托关系成立的第四个条件;五是私益救助型众筹中,众筹平台管理处分捐赠人的资金是为了满足求助者(实际的受益人)的利益,符合信托关系成立的第六个条件。

信托法律制度在我国属于舶来品,但出于中国国情的考虑,我国目前只规定了明示信托,并且只能采取信托合同的方式设立。[1]因此,在我国目前的信托法治语境下讨论私益救助型众筹究竟是否属于信托关系,尚有两个问题需要厘清。一是私益救助型众筹是否属于明示信托?如果从现有大病众筹平台的用户协议来看,其反复强调平台只是提供互联网信息服务的平台,也就是说,私益救助型众筹关系成立时,捐赠人和求助者与众筹平台签订的合同当中并不存在信托关系的约定,捐赠人没有作出委托平台进行信托财产管理的意思表示,因此私益救助型众筹在我国的信托法律当中不属于信托。所以私益救助型众筹中,平台无权以自身名义管理和处分捐赠人财产。二是私益救助型众筹是否属于推定信托?推定信托[2]的成立前提是受托人没有义务对信托财产进行积极的管理和处分。在私益救助型众筹中,众筹平台并没有义务对筹集的款项进行积极的管理和处分,符合推定信托的前提。2019 年 11 月 6 日,北京市朝阳区人民法院出现了私益救助型众筹的首个判例。此案中,水滴筹众筹平台起诉了隐瞒名下财产并滥用众筹款项的求助者。最终北京市朝阳区人民法院一审判令涉案求助者全额返还水滴筹公司 153,136 元并支付上述款项自 2018 年 8 月 31 日以来的利息。[3]有学者认为,北京市朝阳区人民法院的判决肯定了包括水滴筹在内的个人求助信息平台拥有诉权,这也意味着平台应承担作为筹

---

〔1〕 参见赵姿昂:《论推定信托在中国的引入》,载《海南大学学报(人文社会科学版)》2019 年第 5 期。

〔2〕 推定信托,是指当事人并未明确约定当事人之间的法律关系为信托,但结合具体的情况,法院推定当事人之间存在设立信托的意思,或者该种法律关系本质上属于信托。

〔3〕 参见《全国首例!为儿筹集 15 万救命钱后放弃治疗,他被判全额返还筹款》,载搜狐网 2019 年 11 月 6 日,http://www.sohu.com/a/352037097_148781。

集款项的受托人之义务。[1] 是否可以将这里的“受托人”理解为信托关系的受托人,笔者认为,值得商榷。虽然私益救助型众筹符合推定信托关于“受托人没有义务对信托财产进行积极的管理和处分”的前提,但是推定信托的本质是为了保护受益人的利益而由法院推定成立的一种民事法律关系。但本次北京市朝阳区人民法院的判例赋予了众筹平台水滴筹以诉权,实际上是为了保护捐赠人的利益(相当于信托关系中委托人的利益)。因此,笔者认为私益救助型众筹中的三方之法律关系也不属于推定信托。

同时,信托关系的成立还需具备两个要件:一个是在信托关系中,受托人管理委托人财产的核心要义是使信托财产保值增值;另一个是信托关系中受托人为委托人管理和处分财产是一种有偿行为,可以获得报酬。而私益救助型众筹当中众筹平台并没有义务促使捐赠财产增值,同时私益救助型众筹中多数平台提供的为无偿服务。因此,私益救助型众筹中求助者、众筹平台和捐赠人之间的法律关系不属于法定的信托关系。虽然其与信托关系具有行为表征的相似性,但究其本质却与信托关系不同。

(四)观点评述

实践中,运营私益救助型众筹项目的互联网平台并非公益组织,其均属于营利性互联网信息技术企业。企业为客户提供服务收取费用本无可厚非,但却因私益救助型众筹活动的慈善行为(社会意义的慈善行为而非法定意义的慈善行为)属性而迫使多数众筹平台在成本允许的情况下选择无偿提供服务,于是导致了私益

---

〔1〕 参见金锦萍:《金锦萍再评水滴筹事件:为什么个人求助信息平台更应该选择非营利机制?》,载南方周末网 2019 年 12 月 17 日,http://www.infzm.com/contents/172437。

救助型众筹活动中众筹平台无偿性的表征。然而,虽然私益救助型众筹平台不直接在相关业务中收取服务费,但其营利的方式比较隐蔽,多是通过私益救助型众筹项目的不断转发从而获取流量和更多用户资源,进而获得更多销售健康保险的渠道,最终实现商业变现。[1] 简言之,在私益救助型众筹中,众筹平台是通过促进求助者与捐赠人订立赠与合同,从而获得客户资源,并将其"引流"至众筹平台其他营利板块,进而获利。

因此笔者认为,在私益救助型众筹中,求助者、众筹平台和捐赠人三者的法律关系定位并不能类推适用上述利他合同、居间关系以及信托关系三者。私益救助型众筹是互联网时代大众筹资的一种新业态,其行为表征与传统的民间互济互助行为相似,但却因互联网众筹平台的介入而使求助者、众筹平台和捐赠人之间形成一种新型法律关系。在这种新型法律关系中,私益救助型众筹平台相较于传统居间人,理应承担更积极的审查信息和管理众筹款项合理使用的义务;而这种义务与传统信托关系中受托人要尽到使委托人的信托财产保值和增值的管理义务不同,大病众筹平台只需要确保众筹款项的去向符合捐赠人和求助人之间形成的赠与合同之"特殊目的"即可。

对于这种新型法律关系能否类推适用慈善募捐行为中受益人、慈善组织和捐赠人之间的法律关系,笔者持否定态度。因为类推适用的前提是系争案件或行为的相似性,而界定相似性应该是从案件或行为属性的同一利益状态出发。[2] 慈善募捐中,行为目的为公益;而私益救助型众筹中,行为目的为私益。这也是为何在

---

〔1〕 参见卜艳:《当年打公益牌的大病众筹平台,都在这样进行商业变现》,载虎嗅网 2019 年 7 月 3 日,https://www.huxiu.com/article/306849.html。

〔2〕 参见张彪:《民法类推适用研究》,湖南大学 2005 年硕士学位论文,第 45 页。

《慈善法》立法的过程中，曾经讨论过是否将公民个人求助行为纳入该法，但终究还是在2016年《慈善法》出台时为此类行为留出了发展空间。这一方面表明国家对网络时代大众筹资新业态发展的一种支持和鼓励态度，另一方面却也给私益救助型众筹的发展留下了发生道德风险的隐患。因此，如何平衡商业与公益，如何平衡促进新业态发展与严格监管便成为规制私益救助型众筹的逻辑起点。

第二节　私益救助型众筹各主体的权利义务

一、发起人的权利与义务

私益救助型众筹中发起人有两种情形：一种是发起人与求助者同一，即发起人为求助者本人；另一种是发起人与求助者分离，一般为求助者的亲朋好友，二者构成代理关系。第一种情形将在“求助者的权利和义务”中讨论，此处讨论的“发起人的权利和义务”中的发起人为第二种情形中的发起人。

（一）发起人的权利

私益救助型众筹项目的发起人在与求助者分离的情况下，前文论述二者是代理关系。如果构成法定代理，即二者为监护关系，那么此时发起人即为代替无民事行为能力人、限制民事行为能力人[1]“发起众筹”的意思表示，此时求助者在众筹时的一切权利归属于发起人代为行使，比如发起众筹的权利和所筹款项的处分权。如果构成委托代理，发起人依据委托代理合同之约定行使权

[1] 《民法典》第23条规定：“无民事行为能力人、限制民事行为能力人的监护人是其法定代理人。”

利,包括但不限于发起众筹的权利和管理所筹款项的权利等。如果是有偿代理,则发起人享有获得报酬的权利。虽然目前在我国几乎不存在发起人从求助者处获得报酬的情况(大多是善意的帮忙),但并不能因此否定发起人在此种委托代理关系中享有获得报酬的权利。但须排除发起人在未经求助者同意的情况下,以求助者名义擅自发起私益救助型众筹并处分所筹款项,且事后以无因管理为由追索报酬(参见前文论述无因管理的排除)。无论发起人与求助者构成法定代理还是委托代理,当发生因众筹平台的瑕疵行为导致求助者利益受损的情况时,发起人都享有起诉众筹平台的诉权。

(二)发起人的义务

在发起人与求助者的代理关系中,发起人最基本的义务是善良管理之义务。发起人要按照求助者的意愿和要求勤勉谨慎地行使代理权,以使求助者权益充分实现。同时,在二者的代理关系中,发起人还负有报告与保密义务。发起人以求助者的名义发起私益救助型众筹,发起人应当随时求助者报告众筹进度并对求助者信息以及委托事项充分保密。网络时代,个人信息泄露已成常态,且严重损害公民的利益。尤其是私益救助型众筹的求助者,其陷入贫病交加的窘境已经实属灾难,此时如果个人信息遭到泄露并被不法分子利用,则会陷入雪上加霜的境地,如此情形频繁发生终致社会乱象,进而影响私益救助型众筹社会意义的慈善效用发挥。[1] 若因发起人未尽到上述义务而导致求助者利益受损,则依

---

〔1〕 参见《个人信息保护法》第10条规定:"任何组织、个人不得非法收集、使用、加工、传输他人个人信息,不得非法买卖、提供或者公开他人个人信息;不得从事危害国家安全、公共利益的个人信息处理活动。"

据我国民事法律相关规定,发起人应承担民事法律责任。[1] 此外,发起人还负有诚信义务。所谓诚信义务,指的是发起人在帮助求助者发起私益救助型众筹时,不得虚构或者夸大众筹理由。因此,发起人有义务确保其提供给平台的求助者信息的真实性,同时发起人在行使众筹款项处分权时有义务保证所筹款项用于众筹发起之目的。

二、求助者的权利与义务

(一)求助者的权利

求助者的基本权利为求助权、隐私权和财产权。

求助权。如前所述,私益救助型众筹虽然属于广义(社会意义)慈善活动的范畴,但其并不在我国有关慈善法的法律法规规制的范围内。尽管如此,但法律从未(也不应当)禁止公民个人为解决困境而通过网络渠道向不特定多数人求助的行为。因此,发起私益救助型众筹的权利即为求助者的基本权利。

隐私权。《民法典》第1032条规定:"自然人享有隐私权。任何组织或者个人不得以刺探、侵扰、泄露、公开等方式侵害他人的隐私权。隐私是自然人的私人生活安宁和不愿为他人知晓的私密空间、私密活动、私密信息。"在私益救助型众筹活动中,为充分保护捐赠人的善心,求助者必须提供有关身份以及陷入困境的一些必要信息(如姓名、身份证信息、单位、财产情况、大病医院证明等)。这些信息均为求助者的私密信息,一旦被泄露,则会涉嫌侵

[1] 参见《民法典》第164条第1款规定:"代理人不履行或者不完全履行职责,造成被代理人损害的,应当承担民事责任。"

犯求助者的隐私权。[1] 实践中,很多求助者被“人肉搜索”,其隐私权受到严重侵害。在慈善募捐中,募捐主体都会遵守保护受益人隐私权的准则。虽然私益救助型众筹并不属于我国法定的慈善募捐行为,私益救助型众筹的求助者大多是弱势群体,其陷入困境而向社会求助的行为是因陷入困境不得已为之的行为,并不是通过“卖惨”而赚钱,所以保护其隐私权也是对其人格尊严的一种保护。

财产权。这里所称财产权是指求助者在获得私益救助型众筹所筹款项之后,对该款项拥有处分权。但求助者对此众筹款项的处分权必须符合赠与合同的特定目的,即该款项必须用于求助事由,否则构成违约。

(二)求助者的义务

求助者所负义务包括提供真实信息之义务、按赠与目的使用众筹款项之义务、公布众筹款项去向之义务、所筹款项剩余之返还义务等。

提供真实信息之义务。参照《公开募捐办法》的规定,求助者须对其所提供和发布的信息真实性负责。求助者保证其提供的信息的真实性包括两方面,一是保证自己提供的信息真实、详尽、准确;二是不冒用他人信息和资料。求助者若违反此义务,虚构事实或者隐瞒真相,极易导致涉嫌欺诈的严重后果。

按赠与目的使用众筹款项之义务。如前所述,求助者与捐赠人构成赠与合同关系。但由于私益救助型众筹的特殊性,其中求助者与捐赠人构成一种特殊的赠与合同关系,即附目的赠与合同关系,因此求助者按照赠与目的使用众筹款项被默认是合同约定

---

〔1〕 参见《民法典》第1033条第5款规定:除法律另有规定或者权利人明确同意外,任何组织或者个人不得处理他人的私密信息。

之义务。若挪用款项为求助事由以外之事项，则求助者构成违约，需承担相应法律责任。

公布众筹款项去向之义务。为避免私益救助型众筹所筹款项被滥用进而影响捐赠人的施善意愿，按照约定使用众筹款项，并及时上传相关资料用以保障捐赠人的知情权，是私益救助型众筹中求助者的应然义务。但值得注意的是，目前私益救助型众筹平台大多对求助者公布众筹款项去向不作强制性要求，仅凭求助者自愿自觉而为之，使求助者这一应然性义务流于形式，鲜有落实。

所筹款项剩余之返还义务。前文提到依据求助者与捐赠人之间的附目的赠与合同，如果发生求助事由灭失而众筹款项仍有剩余的情况，此时针对剩余款项捐赠人有请求返还之权利，求助者因此而负有返还之义务。（剩余款项具体如何处理，笔者会在本书第五章进行详细论述）

三、众筹平台的权利与义务

（一）众筹平台的权利

众筹平台的权利主要表现为对私益救助型众筹项目的管理权。具体来说包括众筹平台对求助者的信息审核、众筹项目运行中的更新维护及运营管理等权利（关于上述权利内容，笔者会在本书第三章、第四章、第五章、第六章以及第七章进行详尽论述，此处不赘言）。

关于私益救助型众筹中众筹平台是否有收取服务费用的权利，笔者认为，此类众筹平台为求助方提供相应服务，有获得报酬的权利。但值得注意的是，目前在实践中，出于商业信誉等考量，国内多数私益救助型众筹平台并不收取此类众筹项目的服务费。目前，国内运营私益救助型众筹的主要平台多为营利性企业，私益救助型众筹只是其业务板块之一。这些企业完全可以通过其他板块的盈利来维持众筹平台的正常运行。但笔者认为并不能因此就否定众筹平台有在私益救助型众筹项目中获取报酬的权利。事实上,无论是国内还是国外的私益救助型众筹平台,在创始之初都是收取一定服务费的。

此外,关于众筹平台的诉权问题,将会在第六章与第七章详细论述,此处不再赘述。

(二)众筹平台的义务

众筹平台的义务主要有:信息披露义务、求助者信息审核义务、众筹款项合理使用之监管义务等。

作为众筹平台的营利性企业有信息披露义务。前文提到,目前可以运营私益救助型众筹项目的平台有混业型和公益型。后者与慈善组织合作当然负有信息披露义务。前者作为混业平台,其运营公益性项目和私益救助型众筹项目,也必须履行信息披露义务。众筹平台披露的信息包括但不限于其资产及运营状况,项目进展情况等。众筹平台的信息披露本质上是与求助者和捐赠人的知情权相对应的。充分、及时、如实地披露企业信息,是运营私益救助型众筹项目的平台应尽之义务。此义务的履行是基于其社会责任和声誉资本的考量。

严格审核求助者(发起人)提供的信息的真实性既是众筹平台的权利也是其义务。众筹平台对求助者信息进行审核是为了确保捐赠人的善心不会陷入欺诈的陷阱,在充分保护捐赠人权利的同时也是承担社会责任的体现。同时,众筹平台严格履行对求助者信息的审核义务,也是维护其持续良性运营的信任基础。众筹平台通过严格审核求助者信息以保证发生欺诈行为的可能性降低,进而在维护捐赠人合法权益的同时,增进求助者群体的利益。

监管众筹款项合理使用之义务。当前,将所筹款项用于非求助事由的情况频繁发生,很多新闻里出现了众筹到底是“治病”还是“致富”的讽刺。对此,笔者认为,众筹平台负有一定的监管义务,一方面是保护捐赠人权利使然,另一方面众筹平台作为营利性企业,为了自身商业信誉考量也必须为之(此为四章论述之内容,此处不再赘述)。

四、捐赠人的权利与义务

(一)捐赠人的权利

私益救助型众筹中捐赠人的权利总体上可以分为两大类,即与众筹目的直接相关的权利和与众筹目的不直接相关的权利。前者包括捐赠人的捐赠目的实现权、知情权与监督权、诉权,以及撤销权;后者包括捐赠人自愿捐赠的权利与剩余款项返还请求权。

捐赠目的实现权。在私益救助型众筹中,捐赠人与求助者形成特殊的赠与关系,即附目的赠与关系。此赠与关系所附之目的即为“求助者必须将捐赠人赠与的财产用于其众筹事由”。因此,在这个附目的赠与合同中,捐赠人享有捐赠目的实现权,此权利与求助者按赠与目的使用众筹款项之义务相对应,其权利之实现以求助者履行该义务为前提。从社会的意义层面讲,捐赠人此项权利的实现是私益救助型众筹持续发挥填补我国社会保障体系不足的基础。

知情权与监督权。捐赠人有权知晓并监督自己捐赠的财产究竟是否用于捐赠目的,即捐赠人对于私益救助型众筹款项的使用情况有知情和监督的权利。捐赠人知情权与监督权的产生是基于私益救助型众筹中赠与合同的特殊性。这种附特定目的的赠与并非传统意义的单务赠与合同,在该合同中求助者不需要支付对价但必须履行按目的使用捐赠人财产的义务。因此也可以说,捐赠人知情权和监督权是由其捐赠目的实现权派生出来的权利。实践中,众筹平台为保障捐赠人知情权与监督权应当要求求助者后续上传款项使用情况单据,但目前众筹平台对该行为无硬性要求,仅凭求助者自愿和自觉。

诉权。当捐赠人权利受损时,其应当享有诉权。一方面,当捐赠人知晓求助者提供信息不真实,或者求助者未将众筹款项用于其求助事由时,捐赠人可以以欺诈或违约为由起诉求助者;另一方面,当众筹事由灭失款项有所剩余时,捐赠人可以以剩余部分合同无效为由起诉求助者,诉请返还剩余财产。(但由于现实中私益救助型众筹往往捐赠人众多,单独起诉的可能性和成本问题须给予实际考虑,因此关于此诉权如何行使的问题,笔者会在第六章和第七章详细论述。)

撤销权。此项权利即为上述欺诈行为发生时,捐赠人可以行使的权利。我国民事法律规定,受欺诈而实施的民事行为是可撤销的民事行为。捐赠人拥有此项权利且可以自由行使,即捐赠人亦可放弃撤销权。私益救助型众筹的捐赠人的撤销权的行使须依照我国现行民事法律之规定。[1]

自愿捐赠的权利。该权利主要内容包括捐赠人可以自由决定是否捐、捐给谁、捐多少。自愿捐赠作为一种权利,是为了保护捐赠人的善心,有利于社会形成更广泛的"一家有难,众人帮扶"的和谐氛围,从而促进社会财富的第三次分配。自愿捐赠的权利是一

---

〔1〕《民法典》第152条规定:"有下列情形之一的,撤销权消灭:(一)当事人自知道或者应当知道撤销事由之日起一年内、重大误解的当事人自知道或者应当知道撤销事由之日起九十日内没有行使撤销权;(二)当事人受胁迫,自胁迫行为终止之日起一年内没有行使撤销权;(三)当事人知道撤销事由后明确表示或者以自己的行为表明放弃撤销权。当事人自民事法律行为发生之日起五年内没有行使撤销权的,撤销权消灭。"

种受宪法保护的公民自由权。但自由不代表“任意妄为”,自愿捐赠的权利并不包括捐赠款项随意撤回的权利,即在众筹成功后且众筹款项已经转至求助方账户以后,若未发生上述欺诈、违约、款项剩余等事由,捐赠人不能随意撤回其所捐财产。

剩余款项返还请求权。如前所述,捐赠人在得知求助事由灭失而款项仍有剩余时应当享有剩余款项的返还请求权。对此问题笔者会在第五章详细论述,此处不再赘言。

(二)捐赠人的义务

私益救助型众筹中捐赠人的义务主要是交付捐赠财产以及遵守众筹平台规则。

本章小结

在私益救助型众筹中,各主体之间的法律关系主要是:(1)发起人与求助者构成代理关系。如果发起人是求助者的监护人,则二者构成法定代理关系;如果发起人非求助者监护人,而是近亲属或好友、同学、同事等,则构成委托代理关系。法定代理关系中,发起人可支配众筹款项。而委托代理关系中,发起人则无权支配众筹款项。(2)求助者与捐赠人形成附目的赠与法律关系。一是附目的赠与关系符合私益救助型众筹行为的基本属性,即救助性(当赠与合同所附目的为救助时);二是附目的赠与之关系更加利于在面临欺诈和款项剩余时保护捐赠人的财产权。同时,如果众筹平台的用户协议中有关于“剩余款项应予返还”之约定,则构成附解除条件的赠与合同。(3)求助者(发起人)、众筹平台与捐赠人三者之间形成新型法律关系。在私益救助型众筹中,众筹平台是通过促进求助者与捐赠人订立赠与合同,从而获得客户资源,并将其“引流”至众筹平台其他营利版块,进而获利。因此笔者认为,私益救助型众筹中求助者、众筹平台和捐赠人三者的法律关系定位并不能类推适用利他合同、居间关系以及信托关系三者;而根据类推适用中行为相似性之前提,其也不能类推适用慈善募捐中受益人、慈善组织以及捐赠人之法律关系。作为互联网时代大众筹资的一种新业态,私益救助型众筹因互联网平台介入了传统的民间互济互助行为,而使求助者(发起人)、众筹平台和捐赠人之间形成一种新型法律关系。在这种新型法律关系中,私益救助型众筹平台负有比居间人更积极的管理义务,但相较于信托关系中受托人“使信托财产保值增值”之管理义务,却又显得略微消极。

以上述法律关系为基础,私益救助型众筹中各主体均享有一定权利义务:(1)发起人之权利义务。须区分法定代理与委托代理之情形。在这两种情况下,发起人均享有发起众筹之权利,同时享有众筹款项处分权(委托代理中,此权利依约定产生)。如果是有偿代理,则发起人享有获得报酬的权利。若众筹平台侵害求助者利益,发起人享有代为起诉的权利。发起人同时负有善良管理之义务、报告与保密之义务,以及诚信义务。(2)求助者之权利义务。求助者享有求助权、隐私权、财产权。求助者所负义务包括提供真实信息之义务、按赠与目的使用众筹款项之义务、公布众筹款项去向之义务等。(3)众筹平台之权利义务。众筹平台有管理私益救助型众筹项目的权利。具体包括求助者信息审查权,以及对众筹款项合理使用的监管权等。同时,众筹平台还享有索取报酬的权利和发生违约时起诉求助方的诉权。(4)捐赠人之权利义务。捐赠人享有捐赠目的实现权、知情权与监督权、诉权、撤销权、自愿捐赠的权利与剩余款项返还请求权。捐赠人主要负有交付捐赠财产以及遵守众筹平台规则之义务。

第三章　求助者信息公开与众筹平台审查

第一节　求助者信息公开与个人信息保护

一、求助者信息公开的理论基础

（一）知情权理论

知情权，又称了解权或知悉权，是指公民获知信息的权利。《世界人权宣言》将知情权列为基本人权之一。公民获取信息的自由起初是一种公法上的权利，即公民有了解和获取官方信息的权利，学界也称其为“知政权”，这也是行政立法中强调阳光政府和信息公开的根本原因。随着第三次工业革命的兴起，人类社会逐渐步入“信息爆炸”的信息化社会，各种信息对人们生产生活和社会发展起着至关重要的作用。随着社会发展人们不再满足于公法上的知情权，因此公民知悉和获取信息的自由逐渐拓展到了社会知情权和个人信息知情权。前者是指公民对社会问题有知悉和了解的基本权利，后者是指公民有合法获取涉及其本人之相关信息的权利。因此，从广义上说，知情权既是公法领域的一种政治权利，也是私法领域的一种民事权利，尤其是个人信息知情权被归为公民人格权之一。

在私益救助型众筹领域,捐赠人拥有知情权。私益救助型众筹中捐赠人的知情权,是指在私益救助型众筹活动中,捐赠人有了解和知悉求助者真实基本信息以及其捐赠财产是否被按照捐赠意图处分的权利。捐赠人的知情权首先是公民的基本人权。同时,从维护社会稳定和促进社会财富第三次分配的角度出发,充分保障捐赠人享有知情权也是一种必然。

基于知情权理论,私益救助型众筹中的求助者须对相关信息进行公开并对其信息真实性负责。私益救助型众筹中,捐赠人将其财产无偿赠与求助者的行为虽然从行为表征上看是没有相应对价的单务合同,但此种合同附有特定目的,即该赠与财产必须用于求助者发起众筹时所称之求助事由。因此,求助者提供虚假信息或者隐瞒信息,均涉嫌民事欺诈。

(二)公序良俗理论

公序良俗是大陆法系国家民事立法中普遍确立的原则,用于填补成文法无法预见之禁止性规定的不足。该原则起源于罗马法。在罗马法上,国家安全与市民利益共同构成"公序"之内涵;而罗马法上的"良俗"是指市民的一般道德准则。违反公序良俗的行为在法律上是无效的。公序良俗原则的确立是基于自由资本主义时期对意思自治予以限制的需要,其与诚信原则一同构建起适当限制意思自治原则的"安全阀"。"随着时代的发展,公序良俗原则最终成为支配私法全领域的基本原则,不仅意思自治,而且权利的行使、义务的履行均受其约束。"[1]新自然法学派主张意思自治不仅应受法律规范的限制,而且还要受道德规范的约束。实证主义法学派主张秩序优先,认为法的正义价值须受秩序价值的约束,意思自

---

〔1〕 史尚宽:《民法总论》,中国政法大学出版社2000年版,第40页。

治集中体现的自由价值显然应当在法律秩序的范围内行使，而实证主义法学派主张的法律秩序并非局限于法律规范、法律原则及法律制度本身，而且涵盖贯穿于整个法律制度的价值理念。[1] “鉴于其维护国家社会一般利益与基本道德的重要功能与普遍适用性，公序良俗原则被称为现代民法至高无上的基本原则之一。”[2]

依据公序良俗理论，私益救助型众筹中求助者当然负有信息公开之义务。从“公序”的角度出发，私益救助型众筹本身是一种公民之间互济互助的善意行为，这种行为有助于通过社会财富的第三次分配来缩小贫富差距，从而促进社会稳定。因此可以说，虽然这种众筹活动本身具有私益属性，但其行为之社会效果却具有公益性，是一种有利于促进国家和社会稳定发展活动。所以，从维护“公序”的角度出发，私益救助型众筹活动中求助者要公开必要信息并确保其真实性，这是确保此类活动大规模开展并稳定运营的前提。同时，从“良俗”的角度出发，求助者信息公开是一种基于公民基本道德准则的诚信义务。信任，是所有公众募集资金活动得以成立的基础。捐赠人施以援手的前提条件是求助者确实“身陷困境”。求助者要获得捐赠人的帮助，必须公开其真实信息以获得捐赠人信任。诚信可以获得福利和援助，反之必须受到惩罚，这便是社会普遍认可的道德准则。

二、求助者信息公开与保护之边界

（一）求助者信息公开面临风险

1. 求助者提供与公开的信息。依据前文论述，从捐赠人知情

---

〔1〕 参见杨德群：《公序良俗原则比较研究》，湖南师范大学 2014 年博士学位论文，第 48 页。

〔2〕 李双元、温世扬主编：《比较民法学》，武汉大学出版社 1998 年版，第 70 页。

权以及公序良俗角度考量，求助者（发起人）公开相关信息是确保私益救助型众筹良性发展的必然。实践中，私益救助型众筹平台通常会对求助者（发起人）应当提交的信息作出要求，并在简单审核后，将与求助者身份及求助事项有关的信息进行公开。那么，实践中众筹平台要求求助者（发起人）提供和公开哪些信息？求助者（发起人）实际提供和公开了哪些信息？这些信息是否与捐赠人希望获知的信息具有一致性？对于这些问题的探讨，是试图探索求助者信息公开与求助者个人信息保护之边界的基础。

一是众筹平台要求求助者提供和公开的信息内容。实践中，运营私益救助型众筹的互联网平台对求助者应当提供的信息有具体要求，这些要求主要体现在此类众筹平台的用户服务协议以及自律公约中。私益救助型众筹平台的用户服务协议中通常会列明平台可能要求求助者提供的信息：其一，与求助者个人身份和求助事项有关的基本信息。比如，爱心筹平台的用户协议中就列明，包括“姓名，生日，年龄，性别，住址，身份证号，电话号码，电子邮箱地址，微信号，用户名，IP 地址，个人位置信息，用户设备信息等；个人健康信息：病例病史资料、检查报告、手术及麻醉记录，护理记录，药物食物过敏信息，生育信息，诊治情况，家族病史，其他与个人健康状况相关的信息，如身高、体重、肺活量等，以及您通过我们的客服或参加我们举办的活动时所提交的个人信息”。其二，众筹平台可能会收集的与求助者身份和求助事项无关的其他信息。包括来源途径、访问顺序、停留时间、电子服务日志以及其他用户分享的信息中含有的求助者信息等。前文提到，2018 年轻松筹、爱心筹、水滴筹三家主营私益救助型众筹互联网平台共同签署了行业自律公约。在这份《个人大病求助互联网服务平台自律公约》中，明确提到此类众筹平台应当要求求助者（发起人）向平台提交身份信息、医疗证明等真实材料；同时，平台应当要求求助者（发起人）公开其包括“疾病、诊疗花费、资产、预期款项使用、社保和商业保险、是否享受低保，以及是否获得政府医疗救助等情况”，且求助者（发起人）要确保上述信息的真实性、完整性和及时性。

二是实践中求助者（发起人）提供和公开的信息内容。虽然私益救助型众筹平台明确要求求助者（发起人）应当及时、完整、真实地提供并公开上述信息，但在私益救助型众筹项目的实际运营中，求助者（发起人）须提供和公开的信息非常简单。从现在发展规模最大的大病众筹项目来看，求助者（发起人）实际上只需要提供一些基本身份信息以及一份由医疗机构盖章的诊断证明，即可迅速通过众筹平台的审核。之后，众筹项目设立，这些简单的信息通过项目链接向潜在的捐赠人公开。而诸如求助者的“家庭资产、社保与商业保险，以及是否享受低保” 等情况，则是在众筹项目已经成功或已到时限，求助者（发起人）提现之前才上传至众筹平台。也就是说，能够证明求助者是否真的“走投无路”的相关信息，均为捐赠人捐出款项之后才公开的信息。并且实践中，多数求助者并未做到“完全、真实”地公开此类信息。这也正是罗一笑事件和德云社吴鹤臣众筹事件社会影响恶劣的根本原因。

三是捐赠人希望获知的求助者信息。从捐赠人的角度来说，其无偿捐出自己财产帮助陌生人的行为是基于善意。而促使陌生人施以善意的前提是求助者确有困难，并且在穷尽所有可能获取救济和帮助的方式之后，已经走投无路。从这个角度来说，私益救助型众筹的捐赠人希望获知的信息包括：求助者（发起人）的真实身份信息，以确保捐赠人不至于陷入“冒名顶替”的“骗捐”风险；求助者的真实求助事由以及预期花费，以帮助捐赠人合理确定自己的捐助额度；求助者的真实资产情况，以及求助者的社会保险以及商业保险等情况，以帮助捐赠人确定其是否进行捐助。

私益救助型众筹中，捐赠人希望获知全面而真实的求助者信息,因为信任是互联网时代大众筹资得以实现的基础。但在网络时代,求助者个人信息公开却面临多重风险。

2. 社交审核过度之风险。网络时代即时高效的互联互通使人人成为自媒体。与此同时,互联网的普遍联通、联系也让所有网民都成为了网络监督的主体。所谓社交审核,即网友通过社交媒体挖掘求助者相关信息以验证其发起众筹理由的真实性。社交媒体的普遍应用让意图利用网络众筹“发财致富”的一些不轨之徒无所遁形。意图隐瞒家庭资产的德云社演员吴鹤臣,被网友扒出其有房有车,但仍众筹治病的真实情况。罗一笑事件中,当事人罗尔的家庭资产和工作状况也被网友“人肉搜索”得一清二楚,因此网友质疑其发起众筹的正当性。

社交审核从一定程度上遏制了求助者机会主义行为的可能。但社交审核中的网友无法做到“完全理性而客观”,从而导致私益救助型众筹中求助者的个人信息公开面临着“人肉搜索”过度的风险。比如前文提到的罗一笑事件,在该事件中,父亲罗尔被“人肉搜索”,网友在获知其并未“穷尽所有资源”就进行求助的同时,也搜出了“罗一笑母亲‘小三上位,未婚先孕’,甚至质疑罗一笑的患病与其父亲罗尔再婚、急切搬进重新装修的房子有关”〔1〕等与捐助本身无关的个人隐私。

3. 平台泄露个人信息之风险。网络时代的个人信息泄露问题已经成为常态。公民个人信息在信息化社会中的经济价值已经日益凸显。即便在有明确法律规制和行为约束的情况下,也依然存在为了谋取利益而泄露个人信息的行为。

在私益救助型众筹中,网络平台极有可能泄露求助者个人信

〔1〕 魏英杰:《带血的营销和嗜血的看客》,载搜狐网 2016 年 12 月 1 日,https://www.sohu.com/a/120339058_405849。

息。一方面,因为私益救助型众筹平台所搜集的求助者信息主要为基本身份信息、医疗信息、账户信息,以及家庭资产等,这些信息的重要性和私密性使其具有经济价值,因此私益救助型众筹平台容易成为黑客攻击的重点目标。一旦此类网站被攻击,求助者个人信息泄露无疑。另一方面,私益救助型众筹平台是互联网信息服务企业,信息资源是其运营的基础。掌握如此之多的公民个人关键信息,在数字经济时代,对于企业及其工作人员来说,是一种潜在的利益。网络时代,网络平台员工出卖平台客户资料的事件多次发生,私益救助型众筹平台也必然存在这样的风险。

(二)求助者信息公开与求助者个人信息保护之冲突

无论从保护捐赠人的角度还是从促进私益救助型众筹良性发展的角度看,求助者都应该进行信息公开。但网络时代个人信息泄露给公民个人带来伤害也是现实存在的。因此,求助者信息公开与求助者个人信息保护之间必然存在冲突。

1. 求助者个人信息保护是大势所趋。个人信息是指与特定个人相关联的、反映个体特征的、具有可识别性的符号系统。[1] 个人信息在当前互联网技术和应用飞速发展的信息时代业已成为一项重要的社会资源,具有商业价值和权利属性。近年来在互联网环境下,侵害个人信息权的现象时有发生,且在《民法典》时代,个人信息权已经成为人格权的重要内容,因此对个人信息权加以规制和保护势在必行。从全球范围来看,从 2000 年到 2019 年,在网络数字化浪潮的推动下,共有 100 多个国家先后制定并实施了个人信息保护法。同时,自 2000 年起,我国在个人信息保护领域中进行

---

〔1〕 参见王利明:《论个人信息权在人格权法中的地位》,载《苏州大学学报(哲学社会科学版)》2012 年第 6 期。

了较多的立法工作,制定了一系列法律法规。2000 年 12 月,全国人大常委会通过了《关于维护互联网安全的决定》,并于 2009 年修改该决定。2009 年 2 月 28 日通过的《刑法修正案(七)》增设第 253 条之一,对出售、非法提供公民个人信息罪和非法获取公民个人信息罪作出规定,个人信息由此成为一项受刑法保护的法益。2012 年 12 月 28 日,全国人大常委会通过《关于加强网络信息保护的决定》,规定国家保护能够识别公民个人身份和涉及公民个人隐私的电子信息,并对网络服务提供者和其他企业事业单位收集、使用公民个人电子信息的基本原则、规则以及违法行为的法律责任作出初步规定。2015 年 8 月 29 日通过的《刑法修正案(九)》对《刑法》作出修改,将第 253 条之一规定的内容重新表述。2016 年 11 月 7 日通过的《网络安全法》第四章对网络信息安全作出专门规定,并首次明确了个人信息的概念。2020 年 5 月 28 日通过的《民法典》第 111 条、第 1034 条至第 1039 条将自然人的个人信息作为一项人格权益予以保护,并对个人信息的概念、个人信息的处理的概念、个人信息处理的一般规则即免责事由、个人信息与隐私权的关系等问题作出规定。2021 年 6 月 10 日通过的《数据安全法》对与个人信息保护高度相关的数据的保护与利用作出规定。2021 年 8 月 20 日,第十三届全国人大常委会第三十次会议通过的《个人信息保护法》,开启了我国个人信息保护领域法治建设的新时代。因此,在这种背景下,参与私益救助型众筹的求助者,其个人信息理应在法治范围内受到应有的保护。

2. 捐赠人知情权与求助者个人敏感的私密信息权利之冲突。

(1)个人信息、隐私与敏感个人信息。首先,个人信息与个人隐私是重合而有区别的概念。根据 2021 年 11 月 1 日起实施的《个人信息保护法》第 4 条第 1 款规定:“个人信息是以电子或者其他方式记录的与已识别或者可识别的自然人有关的各种信息,不包括匿名化处理后的信息。”《民法典》第 1034 条第 2 款规定：“个人信息是以电子或者其他方式记录的能够单独或者与其他信息结合识别特定自然人的各种信息，包括自然人的姓名、出生日期、身份证件号码、生物识别信息、住址、电话号码、电子邮箱、健康信息、行踪信息等。”隐私与个人信息是不同的两个概念。根据《民法典》第 1032 条第 2 款的规定：“隐私是自然人的私人生活安宁和不愿为他人知晓的私密空间、私密活动、私密信息。”张新宝教授认为：个人隐私，是指私人生活安宁不受他人非法干扰，私人信息保密不受他人非法搜集、刺探和公开。[1] 个人隐私的权利属性最初为一种民事权利，后有学者认为隐私权是一种宪法性权利。国内学者对此权利属性也存在争议，但在我国《民法典》制定过程中，主流观点认为个人隐私应属于具体人格权范畴。[2] 张新宝教授认为个人信息与个人隐私是相互交叉的概念，即个人信息中包含个人隐私的部分，个人隐私中也包含一些个人信息。从立法来看，法律中的隐私权侧重于对人格尊严与自由的保护；而且法律中对个人信息采取保护和利用并重的原则。[3] 王利明教授也认为，《民法典》第 1032 条在对隐私进行定义时，将不愿为他人知悉的私密信息定义为隐私，而私密信息本身作为个人信息的组成部分，和第 1034 条所规定的个人的生物识别信息、健康信息、行踪信息等交叉和重叠。[4] 但二者也有区别。一是隐私权的财产属性不强，法律重在保护人的精神利益的人格权利属性。而个人信息权则兼具财产和精神双重

---

〔1〕 参见张新宝：《从隐私到个人信息：利益再衡量的理论与制度安排》，载《中国法学》2015 年第 3 期。

〔2〕 参见王利明：《隐私权概念的再界定》，载《法学家》2012 年第 1 期。

〔3〕 参见张新宝：《从隐私到个人信息：利益再衡量的理论与制度安排》，载《中国法学》2015 年第 3 期。

〔4〕 参见王利明：《和而不同：隐私权与个人信息的规则界分和适用》，载《法学评论》2021 年第 2 期。

属性,因此须保护和利用并重。二是隐私权主要防范权利人私密信息的泄露和被侵害,属于被动性权利。而个人信息权利的行使更为主动,即在防范侵害的同时"还可以对其进行排他地、积极地、能动地控制和利用"[1]。在此基础上,二者的法律保护方式和权利保护强度等也存在差异。

其次,隐私与敏感个人信息也存在交叉重合。《个人信息保护法》第28条第1款规定:"敏感个人信息是一旦泄露或者非法使用,容易导致自然人的人格尊严受到侵害或者人身、财产安全受到危害的个人信息,包括生物识别、宗教信仰、特定身份、医疗健康、金融账户、行踪轨迹等信息,以及不满十四周岁未成年人的个人信息。"而《民法典》中关于"个人信息"的规定中并未直接规定"敏感个人信息"。但从《民法典》第1032条对"隐私"的规定和第1034条第2款对具体个人信息的列举可知其在,在《网络安全法》对个人信息规定的基础上增加了健康信息、行踪信息等的规定,这实际上也在增强对敏感个人信息的保护。同时,《个人信息保护法》中确定"敏感个人信息"包括"不满十四周岁未成年人的个人信息"。与之相对应,《民法典》第1035条关于"个人信息处理的限制"当中明确提到处理个人信息的,须"征得该自然人或其监护人同意"。此规定被学界认为是对敏感个人信息加以保护之理念在《民法典》中的体现。诚如前文所述,隐私与个人信息是不同的概念。与此同时,隐私与敏感个人信息也存在交叉重合关系。根据《民法典》中关于"隐私权和个人信息保护"的规定,个人的私密信息属于隐私。而个人的私密信息与敏感个人信息有很多重合。比如,家庭住址、银行账户、行踪轨迹、医疗健康等,这些信息都是一旦泄露或

---

[1] 王利明:《和而不同:隐私权与个人信息的规则界分和适用》,载《法学评论》2021年第2期。

者被非法使用，容易导致自然人的人格尊严或人身、财产受到侵害的个人信息，同时也属于自然人为了自己生活安宁而不愿被他人知晓的一些信息。因此，上述类型的信息即属于个人私密信息与敏感个人信息重合的部分。未经当事人同意泄露或非法利用这些信息，同时侵害了他人敏感个人信息与隐私权。

(2)求助者个人信息的属性与权利冲突。前文论述区分个人信息、隐私与敏感个人信息的目的，在于界定求助者个人信息的属性，进而论述对其保护和利用的边界。王利明教授认为，应将敏感个人信息区分为敏感的私密信息与敏感的非私密信息。[1] 敏感的私密信息具有个人私密信息（隐私）与敏感个人信息重合之属性。比如健康信息、基因信息等均属此类。且因其重合属性，此类敏感的私密信息同时适用《民法典》中关于隐私与隐私权的规定，以及《个人信息保护法》中关于敏感个人信息的规定。[2]

(3)在私益救助型众筹活动中，求助者的个人信息包括非私密信息和敏感的私密信息。前者是可以公开并且不侵犯公民个人隐私权和敏感个人信息权利的信息，比如姓名、工作单位等；后者涉及敏感个人信息与个人隐私交叉的部分，比如求助者的身份证号、家庭资产状况、家庭住址、医疗健康信息等。而这部分敏感的私密信息又恰好是捐赠人在私益救助型众筹活动中最希望获知的真实内容，因此产生了捐赠人知情权与求助者个人敏感的私密信息权利之冲突。

3. 求助者个人信息利用与保护之冲突。近年来，随着信息技术的日新月异，全球步入信息化社会。在信息社会中，信息本身已

〔1〕 王利明：《敏感个人信息保护的基本问题——以〈民法典〉和〈个人信息保护法〉的解释为背景》，载《当代法学》2022 年第 1 期。

〔2〕 参见王利明：《敏感个人信息保护的基本问题——以〈民法典〉和〈个人信息保护法〉的解释为背景》，载《当代法学》2022 年第 1 期。

经成为一种与资本、劳动力、技术等一样的生产要素。现代社会对信息的需求和利用的程度极大地增加,使信息的重要性和价值凸显,同时也引发了个人信息安全问题。由于越来越多个人信息权益侵害事件的发生,个人信息保护变得与个人信息利用同样重要。

网络时代催生很多以互联网信息技术为基础的新业态,私益救助型众筹便是其中之一。在这类新业态中,对个人信息的处理和利用是其运营的起点,如果将对隐私权的绝对保护原则适用于此种新业态中的个人信息保护,那必然会阻滞新业态的发展,直至其消亡。比如,在私益救助型众筹当中,如果以隐私权绝对保护原则来控制求助者信息公开的范围,捐赠人将无法获知求助者求助事由的具体信息,比如病历信息和家庭资产状况等,那么捐赠人也就无从判断求助者是否真正"走投无路",需要帮助。在捐赠人无法判断求助事由真伪的情况下,其捐出财产的可能性会大大降低,进而导致私益救助型众筹成功率随之降低。也就是说,过度地保护个人信息导致私益救助型众筹活动中的信息传递发生阻滞,最后导致此类活动逐渐减少,求助者会选择其他方式寻求资金帮助,捐赠人也不会再通过此种方式奉献爱心捐赠财产。但如果将私益救助型众筹的求助者个人信息公开范围扩大,保证捐赠人"应知尽知",又会走向另一个极端,即求助者个人信息泄露风险增加,其个人权利容易受到侵害。

综上所述,在私益救助型众筹中,求助者个人信息利用与保护之间也存在冲突。

(三)求助者信息公开与求助者个人信息保护之利益衡平

1. 利益衡平的边界。对于互联网新兴业态,政府一直都是持鼓励发展的态度。而且私益救助型众筹的出现不仅填补了我国社会保障、商业保险,以及慈善事业的不足,更是对促进社会稳定产生积极作用。因此，虽然近年来私益救助型众筹问题频发，但从改革、发展、稳定的大局出发，不应遏制私益救助型众筹的发展。国家、社会需要的是私益救助型众筹良性有序发展，既能够便利公民互济互助的实现，又能够减少相关不法行为的发生。要促进私益救助型众筹良性发展，就必须通过有效方式来化解上述冲突，寻求求助者信息公开与求助者个人信息保护之间的平衡。如何实现这种平衡？首要任务是明确求助者信息公开与个人信息保护的边界，即公共利益。在公共利益原则基础上，求助者信息公开的边界在于，凡是对公共利益不必要的求助者个人信息，众筹平台都不必向公众公开。但公开有限的求助者信息显然造成了捐赠人知情权价值的减损。因此，从保护捐赠人利益角度出发，私益救助型众筹平台在平衡求助者信息公开与求助者个人信息保护中，应承担更重的信息审查义务。

2. 利益衡平的原则。前文论述，求助者公开的信息中有相当一部分属于敏感的私密信息。而这部分信息同时适用《民法典》与《个人信息保护法》中关于隐私权与敏感个人信息的相关规定。在私益救助型众筹活动中，众筹平台扮演着“个人信息处理者”的重要角色。因此，在众筹平台进行利益衡平的过程中至少应遵循以下原则和履行相应义务。第一，是《个人信息保护法》确立的个人信息处理原则，包括：(1)处理个人信息应当遵循合法、正当、必要和诚信原则。(2)处理个人信息应当具有明确、合理的目的，以及两个“最小”(最小量的收集，最小影响的收集)。(3)处理个人信息应当遵循公开、透明原则。(4)处理个人信息应当保证个人信息的质量。(5)个人信息处理者应当对其个人信息处理活动负责。第二，要遵守敏感个人信息处理中的“特定目的 + 单独同意”之规则。[1] 根据《个人信息保护法》第 28 条第 2 款的规定“只有在具有特定的目的和充分的必要性,并采取严格保护措施的情形下,个人信息处理者方可处理敏感个人信息”。《个人信息保护法》的立法目的之一是“促进个人信息的合理利用”从而充分发挥个人信息在数字时代的经济价值和社会价值,但此目的并不包含鼓励利用敏感个人信息之意,因其直接关系到人格和财产权益。且如前所述,对求助者个人信息公开和保护的边界在于对公共利益的考量。因此在私益救助型众筹活动中,对于“特定目的”的判断须以是否实现公共利益为基础。同时,在具备“特定目的”的前提下,对于求助者敏感个人信息的处理还须征得信息主体的同意,即“单独同意”。众筹平台作为信息处理者须得到求助者的单独授权方可公开其敏感个人信息,因为此种方式可以使求助者意识到风险的存在,进而倒逼其谨慎行事以达到保护自身权益之目的。[2] 第三,对未成年人个人信息的特别保护原则。《个人信息保护法》第 31 条规定,个人信息处理者处理不满 14 周岁未成年人个人信息的,应当取得其父母或者其他监护人的同意,个人信息处理者应当制定专门的个人信息处理规则。在私益救助型众筹活动中,有很多未成年人患病通过此种方式众筹医疗费用的案例,这些未成年人的监护人作为其法定代理人在发起众筹时已经默认对众筹平台(个人信息处理者)进行了授权。但对于《个人信息保护法》中个人信息处理者处理不满 14 周岁未成年人个人信息的,应当制定专门的个人信息处理规则的要求,目前运营私益救助型众筹项目的平台尚需落实。

---

〔1〕 参见王利明:《敏感个人信息保护的基本问题——以〈民法典〉和〈个人信息保护法〉的解释为背景》,载《当代法学》2022 年第 1 期。

〔2〕 参见程啸:《个人信息保护法理解与适用》,中国法制出版社 2021 年版,第 273 页。

第二节　众筹平台审查责任与审查方式

一、平台审查的必要性及正当性

如前所述,公开有限的求助者信息显然造成了捐赠人知情权益的减损。因此,从充分保护捐赠人利益角度出发,在平衡求助者信息公开与求助者个人信息保护中,运营私益救助型众筹项目的众筹平台应承担更重的信息审查义务。

(一)捐赠人的有限理性

在具有投资属性的其他众筹当中,众筹投资者更多体现出完全理性的“经济人”属性〔1〕,其出于自身利益最大化的考量,往往会谨慎投资。但即便如此,由于信息不对称的普遍存在,众筹投资者作为普通社会公众收集分析有效信息的能力较弱,因此面临投资失败的风险仍然很高。而与其他具有投资性质的众筹方式不同,私益救助型众筹属于公民之间的一种互助行为,其更多体现了人性中“道德人”“有限理性”的一面。

“有限理性”理论,是由诺贝尔经济学奖获得者赫伯特·西蒙在20世纪40年代提出的。新古典经济学理论中对于“理性人”之假设,一度被法经济学研究吸收为“理性行为”假设:理性人是明确知晓自己在法律关系中享有的权利和所承担的义务责任的,因此

---

〔1〕 亚当·斯密在《国富论》中提出“经济人”之假设,即按照经济运行规则行事而追求自身利益最大化是市场经济中人之基本属性。西方新古典经济学派认为,利己是每一个从事经济活动的人之基本属性,即每一个人都是以最小成本去追逐最大收益,这种属性被西方经济学家认为是“合乎理性”。在此意义上,“经济人”即为“完全理性的人”。

其行为模式是在实现自身利益最大化的基础上同时考虑到有可能承担的法律后果的选择。也就是说,完全理性假设的实现基础是,行为人需要获得全部知识和全部信息,并且在完全理性的情况下做出依据其掌握的所有知识和信息做出最优决策。然而事实并非如此。现实世界的复杂多变以及信息不对称的普遍存在,导致行为人获得全部知识和信息的前提无法实现,因此社会协作系统学派的创始人 Chester I. Barnard 最早对“理性人”假设提出质疑,他认为“人并非是完全理性的经济人,而是只具有有限决策能力和选择能力”[1]。在此基础上,赫伯特 · 西蒙在其 1947 年出版的《管理行为》一书中提出了“有限理性”的假设。有限理性理论的内核至少包括:一是现实世界中的经济人通常处于完全理性和非理性之间的一种中间状态,即有限理性状态;二是有限理性的经济人,决策往往受到多重因素叠加的影响而偏向利用直觉决策而非理性分析。

不可否认,人类具有天生利己的“自私基因”。因此,无论是完全理性还是有限理性,人类活动的本质总是从利己的角度出发而行事的。有限理性理论只是阐明了当面对风险时,人们往往更倾向于规避风险的“满意”选择,而非风险较大的“最优”选择。尽管如此,在天生“自私”的人类活动中我们还是会经常见到一些“利他”行为,最典型的就是慈善活动和社会互助。当然我们不能排除那种纯粹的不求回报的“利他”行为,即为了他人利益无偿牺牲自己利益,在赫伯特 · 西蒙撰写的《人类活动中的理性》一书中称为“强式利他主义”。当然,这种利他行为鲜有。现实中广泛存在的是“弱式利他主义”,即某一个体牺牲短期利益但是间接获得了足

---

[1] 李珂、叶竹梅编著:《法经济学基础理论研究》,中国政法大学出版社 2013 年版,第 49 页。

以弥补眼前牺牲的长期回报。[1] 私益救助型众筹作为一种社会互助行为，当然不排除强式利他主义的存在，但更多应理解为弱式利他主义行为。实际上，私益救助型众筹的捐赠人愿意为陌生人慷慨解囊，本质上是期望其自身陷入困境、走投无路之时也能够获得同样的帮助。正如赫伯特·西蒙所言，"平均而言，利他主义者将主要存在于利他主义者占较高比例的特性群体之中，而不是出现在非利他主义者为主的特性群体之中。也就是说，平均而言，利他主义者将比非利他主义者在其特性群体中面临着更为友善的环境，从而会拥有更高的适合度"[2]。

法经济学中的"有限理性"假设理论认为：决策者在识别和发现问题中容易受到知觉偏倚的影响。所谓知觉偏倚是在知觉的选择性支配下，决策者仅把问题的部分信息当作对象，未经知觉的信息被排除在决策者的认知范围之外。决策者对未来作出判断时，利用直觉往往多于利用逻辑分析方法，而人的判断是容易出错的。因此，作为理性的"经济人"在"利己"的主观能动性驱使下尚且存在如此风险，那么作为"道德人"在"利他"意识驱使下就更容易做出理性（经济）人的非理性决策。

在私益救助型众筹中，捐赠人赠与财产的行为主要受到自身道德感的驱使，因直觉作出是否捐赠的判断，而并非出于自身利益最大化的考量。在这种情况下，发起众筹一方的"求助故事"是否能够触动捐赠人在该众筹行为中起到至关重要的作用。因此，这种"有限理性"导致的非理性的决策常常使得捐赠人陷入被"骗捐"的风险之中。

---

〔1〕 参见［美］赫伯特·西蒙：《人类活动中的理性》，胡怀国、冯科译，广西师范大学出版社2016年版，第68页。

〔2〕 李珂、叶竹梅编著：《法经济学基础理论研究》，中国政法大学出版社2013年版，第49、72页。

在这种情况下，由私益救助型众筹平台来对求助者信息进行必要的审查就显得尤为必要。私益救助型众筹平台以此为业，在这种“类慈善募捐”活动中，私益救助型众筹平台扮演的角色类似于慈善中介，为了确保捐赠人利益受到保护进而实现社会稳定，众筹平台应该严格审核求助者信息。同时，从平台功能角度来说，众筹平台作为营利性组织，相较于公民个人，可以获得更多关于求助者的相关信息，并通过一些专业的渠道和方式对信息进行甄别，从而降低信息不对称给捐赠人带来的风险。

（二）社交审核的局限

如何降低私益救助型众筹中，捐赠人作为理性（经济）人因“有限理性”而导致的决策风险？不可否认，网络时代社交媒体的发达在一定程度上降低了信息不对称，从而可以为理性（经济人）在做决策时提供多一些可降低风险之信息。社交媒体的繁荣发展让人们之间的联系更加紧密，某种程度上甚至降低了“欺诈”发生的概率。比如，在前文提到的罗一笑事件和吴鹤臣事件中，网友们利用社交网络的便捷，挖掘到大量当事人的信息，从而迅速揭露其隐瞒财产的行为。这种社交监督的方式在帮助理性（经济人）做出相对理性决策的过程中确实起到了一定的作用。但这种方式并不具有稳定性，不能够保证每一个私益救助型众筹中的捐赠人在做出决策时都能够通过社交网络收集到足够的有效信息。事实上，通过社交网络监督这种方式，很多时候是仅适用于典型事件中。也就是说，并非每一次私益救助型众筹都会引起网友好奇而进行“人肉搜索”从而为捐赠人提供更多可供决策的真实信息。因此，社交监督对于降低私益救助型众筹中捐赠人的决策风险的作用有限。不仅如此，如前所述，社交审核还存在泄露求助者敏感个人信息之风险。求助者个人信息在社交媒体的曝光往往引来恶意的“人肉搜索”,由此引发的对求助者人格和财产权益的侵害往往带来负面效应,而非有助于私益救助型众筹的良性发展。

与社交审核不同,由私益救助型众筹平台对求助者信息进行审查具有稳定性和全面性。众筹平台可以对每一个求助者提供的信息进行审查,并以其真实性作为众筹项目设立的依据。为避免捐赠人由于信息不对称而陷入“骗捐”事件中,由私益救助型众筹平台来严格审核求助者提供的信息成为一种必然。

(三)众筹平台的声誉资本

目前,我国主要运营私益救助型众筹项目的网络平台均为互联网企业。根据我国目前的相关法律规定,此类众筹平台并不当然负有“严格审查求助者信息”之义务。2018 年 10 月,为规范私益救助型众筹活动,加强行业自律,轻松筹、爱心筹、水滴筹三家大病众筹平台联合签署了《个人大病求助互联网服务平台自律公约》,其中第 5 条明确规定个人求助信息的“真实性由发起人负责”。显然,这是在当前规制私益救助型众筹的法律缺位的情况下,此类众筹平台规避责任的一种方式。毕竟,严格审核求助者信息对于众筹平台来说“费时费力”增加成本,这与商业企业追求利益最大化的本质背离。

但在网络时代,企业的声誉资本是其软实力的集中体现,更是企业长远发展的关键因素。声誉资本是企业给社会公众的综合印象,是企业无形资产的总和。企业的声誉资本是由口碑、形象、美誉、表现、行业地位、舆论反应、社会责任等组成的综合性“名声指标”的统称。因此,从长远利益考量,此类众筹平台想获得更好的发展前景,则必须考虑到自身的商业信誉本身就是一种资本。众筹平台是企业,其运营能力很大程度上也体现在企业形象的塑造和企业声誉的维护。如果众筹平台的私益救助型众筹项目频繁

“出事”,那么必将对众筹平台的声誉构成影响,从而影响运营众筹平台的企业的其他业务的开展,进而影响公司收益。在借助众筹平台进行的互济互助行为中,虽然双方均出于自愿,但众筹平台毕竟也借助众多的众筹项目而因此聚集更多流量,在“流量为王”的互联网时代,众筹平台为了聚集更多流量和人气,也必须严格审核求助者信息。

(四)中立的第三方是信任的基石

不可否认,资金融通的基础一直都是信任。网络时代的大众筹资也是如此。互联网的普遍应用,让世界普遍联系起来,却同时减少了人们之间面对面交流的机会,这也就加大了网络虚拟环境下“不诚信”的风险。而事实上,为了解决网络时代虚拟性而导致的“不诚信”问题之普遍存在,互联网企业早就想出了应对办法。最典型的例子就是“第三方支付”。支付宝的产生就是淘宝网为了在相互不认识的卖家与买家之间建立起信任关系,从而更多地促成陌生人与陌生人之间的交易。作为中立的第三方,支付宝直到买家收到货并确认之后才将货款转至卖方账户。这种运作模式大大地降低了买家付款后可能收不到货的风险。

私益救助型众筹中,最大的风险就是捐赠人大多并不认识求助者,捐赠人对求助者的了解仅限于其或发起人提供的真伪难辨的求助信息。如果求助信息不真实的情况普遍存在,则必然会对捐赠人利益造成侵害,而更糟的是会严重打击整个社会进行私益救助的热情,进而导致私益救助型众筹活动逐渐减少,求助者再次回到“走投无路”的境地。因此,为了让私益救助型众筹能够充分发挥其社会效用,要从保护捐赠人知情权的角度出发,确保求助者信息的真实性。让求助者(发起人)自己保证其信息真实性很难做到,因为在市场经济中,“经济人”的属性就是追求自身利益最大化。依靠捐赠人自身的信息收集和处理能力来甄别求助者信息的真实性也十分有限,因为上文论述的“有限理性”普遍存在,同时社交审核也无法做到普遍适用。因此,类比网络交易中“第三方支付”的思路,在私益救助型众筹中,由中立的第三方,众筹平台,作为审查求助者信息的审查主体才能够最大限度地帮助建立起捐赠人与求助者之间的信任关系。

二、众筹平台的审查方式

(一)众筹平台审查方式选择

前文论述了私益救助型众筹平台应该对求助者信息进行必要的审查。众筹平台对相关信息资料的审查有两种备选方式:形式审查和实质审查。形式审查,是指对求助者提供的信息资料的合法、完整及有效与否,只进行形式上的审查,其真实性不在审查之列;实质审查,是指在形式审查之后,审查主体穷尽各种调查方式,对求助者提供的信息资料是否真实、有效、完整、合法进行实质意义的审查与核实。形式审查相对简单且成本较低,实质审查流程多、较为复杂且成本高。

在私益救助型众筹中,如果从保护捐赠人利益和遏制众筹乱象的角度看,众筹平台应当对求助者信息采取实质审查的方式。但如果从私益救助型众筹平台的商业属性出发,出于成本收益的考量,众筹平台必然会选择形式审查方式。

(二)实质审查与形式审查辨析

目前,国内外的私益救助型众筹平台对于求助者信息的审查都是形式审查。在多数众筹平台的用户服务协议以及大病众筹平台的自律公约,都明确表示众筹平台对于求助者信息资料的审查为形式审查。[1] 这种形式审查首先符合众筹平台对成本收益的考量。毕竟众筹平台以此为业的目的首先是营利。过于严格的审查会极大地增加众筹平台的人力成本、时间成本等,众筹平台不是慈善组织,所以当然不能做“亏本生意”。与此同时,即便众筹平台出于对维护自身声誉资本的考量而积极主动地严格审核求助者信息的真实性,平台也很难做到对类型众多的信息一一审核。比如,身份信息需要与公安机关建立信息共享机制;病情信息需要与医疗机构进行核实;资产信息、社保信息、商业保险信息需要与不动产管理机构、社会保障机构、金融机构等建立联系。众筹平台目前并无权可以随时与上述机构联系确认相关信息的真实性。

选择实质审查的形式来确保求助者信息的真实性,对于目前的众筹平台来说确实困难重重,不容易实现。但私益救助型众筹平台当前对求助者信息资料的形式审查却又存在“流于形式”的问题。网络新闻曾经爆出通过300元从黑中介处开出的假病例,几分钟就通过了轻松筹平台的审核,随后立即生成筹款链接。不得不说,众筹平台这种“过于形式化”的形式审查确实给虚假求助者“骗捐”留下太多可乘之机。

(三)合理的审查形式

诚如上所述,私益救助型众筹平台陷入实质审查困难与形式审查“流于形式”的问题当中。要为此类众筹平台确立合理的审查形式,就要确定其审查的合理限度,即私益救助型众筹平台审查求

---

〔1〕 参见《个人大病求助互联网服务平台自律公约》第14条规定:“平台应合理限制求助人病情诊断证明及其他病情佐证材料的开具时间,并对材料进行形式审核。”《个人大病求助互联网服务平台自律倡议书、自律公约(全文)》,载百家号“中国社会组织动态”2018年10月21日,https://baijiahao.baidu.com/s?id=1614928848742207552&wfr=spider&for=pc。

助者信息的形式选择不仅涉及求助者与捐赠人之间的利益衡平，同时也必须考虑到众筹平台的利益以及私益救助型众筹的行业发展。要求私益救助型众筹平台对求助者信息资料进行完全的实质审查，是超出其能力范围的不现实要求，但放任众筹平台“流于形式”的形式审查也是一种不负责任的态度。

从合理的限度出发，私益救助型众筹平台对求助者信息进行基本的“形式审查与有限的实质审查相结合”的方式，是可以兼顾各方利益的一种最优选择。首先，众筹平台对求助者信息进行形式审查和有限的实质审查，是解决求助者信息公开与求助者个人信息保护之冲突的有效手段。在捐赠人知情权与求助者个人隐私信息权之间，众筹平台的审查相当于一种担保，即平台审查过的信息具有更高的可信度。其次，“形式审查与有限的实质审查相结合”是符合众筹平台实际审查能力的一种方式。所谓“有限的实质审查”，即以求助者提供的信息资料为限，众筹平台通过与相关机构建立信息共享平台而进行的对该信息资料真实性的审查。这里的“有限”指的是不超出私益救助型众筹平台的能力，同时也是强调此种审查形式对于众筹平台来说是一种手段义务而不是结果义务，即众筹平台只需穷尽其有限的实质审查方式“尽力而为”即可，并不确保结果一定完全“真实”，不能对众筹平台有过于理想的期待而加重其审查责任。

本章小结

在私益救助型众筹中，为确保捐赠人知情权的实现，在公序良俗的基础上，求助者应当公开个人信息。而实践中，众筹平台虽要求求助者（发起人）提供尽可能详细的个人信息，以减少虚假众筹的可能,但由于缺乏监管,在实际运营的私益救助型众筹项目中,求助者(发起人)提供的求助者的个人信息很少,且真实性很难保证。虽然捐赠人希望获知全面而真实的求助者信息,因为信任是陌生人之间资金融通得以实现的基础,但在网络时代,求助者个人信息公开却面临着社交审核过度的"人肉搜索"以及众筹平台泄露求助者个人信息之风险。

无论从保护捐赠人的角度还是从促进私益救助型众筹良性发展角度看,求助者都应该进行信息公开。但网络时代个人信息泄露给公民个人带来伤害也是现实存在的。因此,求助者信息公开与求助者个人信息保护之间必然存在冲突。一方面是捐赠人知情权与求助者个人敏感的私密信息权利之冲突,即捐赠人最想获知的求助者个人信息大多属于个人隐私与敏感个人信息重叠的范畴,即个人敏感的私密信息。另一方面是求助者个人信息利用与保护之间的冲突,即私益救助型众筹的求助者是利用自己的个人信息来发起众筹的,如果过度保护个人信息,则此类众筹活动成功率将极大降低;反之则又陷入隐私泄露的巨大风险中。平衡上述冲突的首要任务是找到求助者信息公开与求助者个人信息保护的边界,即公共利益——凡是对公共利益不必要的求助者个人信息,众筹平台都不必向公众公开。同时,众筹平台作为个人信息处理者应遵循个人信息处理和隐私保护等原则,尤其是处理敏感个人信息的"特定目的+单独同意"规则,以及对未成年人的个人信息的特保护。但公开有限的求助者信息显然造成了捐赠人知情权价值的减损。因此,从保护捐赠人利益角度出发,私益救助型众筹平台在平衡求助者信息公开与求助者个人信息保护中,应承担更重的信息审查义务。

由于捐赠人的有限理性和社交审核的局限,以及众筹平台出于自身声誉资本的考量,私益救助型众筹平台对求助者信息进行审查具有必要性和正当性。众筹平台审查求助者信息的方式有形式审查或实质审查。众筹平台对求助者信息采取实质审查的形式显然更有利于保护捐赠人利益,确保信息真实性。但作为营利性企业的众筹平台无法做到实质审查。而现有私益救助型众筹平台均对求助者信息采取形式审查,且“流于形式”,这就导致了虚假众筹频繁发生。因此,从合理的限度出发,私益救助型众筹平台对求助者信息进行基本的“形式审查与有限的实质审查相结合”,是可以兼顾各方利益的一种最优选择。

第四章　所筹款项合理使用与众筹平台监管

第一节　众筹平台对所筹款项合理使用的监管责任

一、负外部性理论与平台监管责任

（一）外部性理论及其法学阐释

经济人“在追求他本身利益时，也常常促进社会的利益”，这是亚当·斯密在其著作中对外部性的最早认知。亚当·斯密在《国民财富的性质和原因的研究》一书中提到，尽管“他通常既不打算促进公共的利益，也不知道他自己是在什么程度上促进那些利益”，但是，“他受着一只看不见的手的指导，去尽力达到一个并非他本意想要达到的目的……他追求自己的利益，往往使他能够比在真正出于本意的情况下更有效地促进社会的利益”。因此，在亚当·斯密的理论中，政府职能被严格限制，尽量减少其对市场的干预。但现实中却难以实现上述私益与公益的一致性。在后续西方经济学理论的发展过程中，外部性被认为是导致市场失灵的主要原因之一。

外部性又称为溢出效应、外部影响、外差效应或外部效应、外部经济,是指一个人或一群人的行动和决策使另一个人或一群人受损或受益的情况。外部性分为正外部性(positive externality)和负外部性(negative externality)。在经济学意义上,正外部性意味着边际社会收益大于边际私人收益,社会从私人经济活动中得到的额外收益并未通过一定手段或途径转移到私人手中;负外部性则是指边际私人成本小于边际社会成本,私人并未承担超过私人成本部分的成本。[1] 厉以宁教授认为"正外部性是指某个经济行为主体的活动使他人或社会受益,而受益者又无须花费代价;负外部性是指某个经济行为主体的活动使他人或社会受损,而造成负外部性的人却没有为此承担成本"[2]。因此有学者将外部性总结为"是指没有支付代价的利益或损失"[3]。英国新古典经济学派的代表马歇尔在1890年所著的《经济学原理》中首次提出"外部经济"的概念:"在比较仔细地研究了任何一种货物的生产规模扩大所产生的经济之后,我们知道这种经济分为两类—— 一类是有赖于工业的总体发展的,另一类是有赖于从事此工业的个别企业的资源及其经营管理的效率。这就是说分为外部经济和内部经济。"[4]二者主要是指企业内外部原因所导致的成本降低。而后这一理论被庇古和科斯继续演进发展,进而成为一套系统的经济学理论。庇古在其1920年出版的《福利经济学》中提出用补贴和"庇古税"等手段加强政府干预,从而解决企业产生的正外部性和负外部性问题。随着社会发展日益复杂多元,外部性理论越来越

---

[1] 参见李郁芳、李项峰、蔡彤:《政府行为外部性的经济学分析》,经济科学出版社2009年版,第58页。

[2] 厉以宁主编:《西方经济学》(第3版),高等教育出版社2011年版,第112页。

[3] 张百灵:《正外部性理论与我国环境法新发展》,武汉大学2011年博士学位论文,第28页。

[4] [英]阿尔弗雷德·马歇尔:《经济学原理》,贾开吉译,万卷出版公司2012年版,第96页。

多地被公共管理和法经济学领域借鉴和应用。

作为一个经济领域重要的理论问题,外部性理论被引入法学研究,有学者认为是从“科斯将侵权视作一种外部性行为〔1〕,进而提出通过产权交易的方式对其进行化解的理论主张之后”〔2〕。“从某种意义上说,成本与收益之于经济学,就像权利与义务之于法学一样。”〔3〕因此从法学的角度看,外部性的本质是权利的行使,也即人与人相互制约与作用。〔4〕 学者胡元聪认为“外部性不是一个过程而是一种结果,是经济主体之间权利与义务的不对等,以至于利益的失衡。负外部性是一个经济主体在行使其权利时,将本应该由自己承担的义务施加给其他经济主体;正外部性是一个经济主体在行使其权利时,将其可由自己行使的权利让渡给了他人且没有对受让人施加任何义务”〔5〕。

(二)私益救助型众筹的外部性

私益救助型众筹作为一种市场经济下的经济人之间自发的赠与行为,且有众筹平台作为商业企业参与其中,同时具有正外部性和负外部性。

私益救助型众筹的正外部性体现在捐赠人仁爱、慈善的社会

---

〔1〕 参见高建伟、牛小凡译注:《科斯〈社会成本问题〉句读》,经济科学出版社2019年版,第23页。

〔2〕 王冬:《法学视域下正外部性激励问题考辨》,载《西南民族大学学报(人文社科版)》2008年第11期。

〔3〕 张守文:《经济法理论的重构》,人民出版社2004年版,第49页。

〔4〕 参见[美]A. 爱伦·斯密德:《财产、权力和公共选择:对法和经济学的进一步思考》,黄祖辉、蒋文华等译,上海三联书店、上海人民出版社2006年版,第14页。

〔5〕 胡元聪:《法与经济学视野中的外部性及其解决方法分析》,载《现代法学》2007年第6期。

性动机中。捐赠人为救助陷入困难的陌生人而无偿捐出自己的私有财产,其行为本身增进了他人利益,即求助者利益增加,而求助者并未付出任何经济成本。不仅如此,私益救助型众筹的良性发展还有助于整个社会形成互济互助的氛围,增进整个社会的福祉,这也是私益救助型众筹正外部性的体现。

私益救助型众筹的负外部性体现在因信息不对称而产生的求助者信息不实、滥用众筹款项以及众筹平台审查监管不严的问题。任何人在与他人的经济交往中损害他人利益的行为都是负外部性的体现。求助者信息不实、滥用众筹款项等问题属于直接侵害他人利益的负外部性行为;而众筹平台对求助者信息审查不严,以及对众筹款项合理使用监管不严(或不予监管)的问题,是其运用自身信息优势为追求自身利益最大化而间接实施的负外部性行为。毕竟,严格监管众筹款项的合理使用会给私益救助型众筹平台(企业)增加成本。在监管和法律空白的情况下,企业从自身利益出发,此种负外部性风险会不断加剧。而行业自律因缺乏强制力,在解决私益救助型众筹平台的负外部性问题上略显苍白。归纳起来,上述负外部性是行为主体内部理性最大化而对其他社会主体甚至整个社会产生不利影响,故私益救助型众筹的负外部性本质上是私益和公益的平衡问题。

同时,私益救助型众筹活动还集中体现了网络外部性特征。网络外部性是传统经济学理论在互联网出现之后在网络经济中的集中体现。网络外部性,是指连接到一个网络的价值取决于已经连接到该网络其他人的数量。简言之就是某一网络产品用户人数与其用户价值和效用成正比。网络外部性包括自有价值和协同价值。在私益救助型众筹中,求助者(发起人)通过众筹平台发起众筹体现了自有价值。同时,在信息审核之后众筹平台生成筹款链接,求助方通过社交网络不断扩散传播之后,其网络外部性的协同价值得以体现。很多私益救助型众筹可以在一天之内筹集到十几万元或几十万元众筹款,这种网络众筹的高效就是基于当前社交网络的传播特性,即私益救助型众筹的筹款效用会随着传播者的增加以几何级数增长。网络外部性分为直接网络外部性和间接网络外部性。在私益救助型众筹活动中,其直接网络外部性体现为筹款链接通过社交媒体的不断转发,求助者和捐赠人双方用户人数猛增,同时促进了私益救助型众筹的成功和此种模式的推广;其间接网络外部性体现在私益救助型众筹的引流功能上。私益救助型众筹本身并不盈利,只是单纯借助互联网企业的技术优势来降低求助者与捐赠人之间的信息不对称,最终实现捐赠人善心和求助者经济利益的匹配。但运营私益救助型众筹的互联网企业一直在通过该项目引流至其健康保险销售业务,最终实现盈利。这种引流模式最终间接实现了众筹平台企业的自身利益增值,即间接网络外部性。

(三)众筹平台的负外部性及其监管责任

关于互联网企业的负外部性。基于前文所述的网络外部性,互联网企业的最大优势在于信息和数据资源的即时海量获取,以及借由网络社交媒体病毒式传播而无限扩大的网络用户群体。网络数字时代,信息数据资源与网络用户群体的相互促进关系,必然成为互联网企业外部性特征。互联网企业的外部性体现在其利用上述资源盈利的运营模式中,同时在信息不对称普遍存在的情况下,在信息获取中占优势地位者又必然会因其“逐利”的经济人属性而攫取更大利益,进而损害在信息获取中处于劣势地位一方之利益,即使其承受负外部性。正如主张功利主义思想的自由主义法学派代表边沁所言:所谓功利原理是指这样一种原理——它按照看来势必增大或减少利益有关者之幸福的倾向,亦即促进或妨碍此种幸福的倾向,来赞成或非难任何一项行动。[1] 同时边沁认为:“任何行动中导向幸福的趋向,我们称为它的功利;而其中背离的倾向则称之为祸害。”[2]因此,互联网企业的负外部性体现在:互联网企业作为信息获取优势方,在利用信息数据以及流量资源获利时,常常损及作为信息获取劣势方的客户之利益。从法学角度看,互联网企业的负外部性体现了其权利和义务的不对等,或称其为一种利益失衡。

私益救助型众筹平台的负外部性及其监管责任。私益救助型众筹平台作为互联网企业,常常发生负外部性问题。私益救助型众筹平台作为互联网企业,其负外部性表现为应由其承担的义务却施于其他经济主体,抑或以自身利益最大化为宗旨完全忽视该义务。作为商业企业,私益救助型众筹平台运营此类项目的根本目的是通过私益救助型众筹的推广应用从而获取海量客户群体,进而“引流”至其真正的盈利点——商业保险销售业务中。对于私益救助型众筹平台来说,为了获取更多流量,基于众筹平台本身的经济属性,其如果对众筹款项合理使用进行严格监管必然会增加成本,导致其内部不经济。因而,私益救助型众筹平台出于经济利益考量的选择必然是不监管众筹款项的合理使用。由此带来的负外部性体现在对捐赠人的权利侵害,即众筹平台疏于监管,导致虚假众筹和挪用众筹款项的情况更多。正如一些学者所言,“外部性的本质是围绕行使权利引发的利益冲突”[3]。捐赠人无偿捐出自己财产的目的是帮助求助方解决困难,但如果众筹平台不监管所

---

〔1〕 参见[英]边沁:《道德与立法原理导论》,时殷弘译,商务印书馆2000年版,第32页。

〔2〕 [英]杰里米·边沁:《政府片论》,马兰译,台海出版社2016年版,第20页。

〔3〕 王廷惠:《外部性与和谐社会的制度基础——兼论政府角色定位》,载《广东经济管理学院学报》2006年第1期。

筹款项的合理使用,则求助方出于经济人的逐利属性,也容易陷入通过虚假众筹和挪用款项获利的投机思维中。

“不同经济外部性行为的法律特征又决定了经济行为主体的权利和义务。”〔1〕所以,解决负外部性问题就是让外部性的供体承担相应的义务和责任。正因如此,运营私益救助型众筹项目的众筹平台所产生的负外部性问题的解决,就是使私益救助型众筹平台承担对所筹款项合理使用的监管责任(义务)。从经济与法学对应的角度来看,成本对应义务,权利对应收益。私益救助型众筹平台因此类项目获得巨大客户流量,进而获得收益,这是私益救助型众筹平台作为企业(经济主体)的权利;而与此同时,此类众筹平台必须承担相应的义务,即对所筹款项合理使用的监管义务。这种监管义务会导致私益救助型众筹平台付出一定成本,而这种成本是解决其负外部性问题的必要成本。正如斯密德所言“如果利益有冲突,就会有某些利益的外部化和不能被满足”〔2〕。

二、利益相关者理论与平台监管责任

(一)利益相关者理论

利益相关者理论是产生于企业管理领域的经济学理论,后续发展过程中受到包括法学在内的诸多学科关注和应用。20 世纪 60 年代,西方学者开始研究利益相关者理论。弗里曼在其著作《战略管理:利益相关者管理的分析方法》一书中明确提出了利益相关者管理理论,即企业的经营管理者为综合平衡各个利益相关者的利

〔1〕 邹先德:《论经济外部性的法律特征》,载《西安石油学院学报(社会科学版)》1999 年第 1 期。

〔2〕 [美]A. 爱伦·斯密德:《财产、权力和公共选择:对法和经济学的进一步思考》,黄祖辉、蒋文华等译,上海三联书店、上海人民出版社 1999 年版,第 28 页。

益要求而进行的管理活动。弗里曼在这本书中首次提出了“利益相关者”的说法，并翔实地阐述了利益相关者理论在企业战略管理中的运用。[1] 传统企业管理理论通常将股东利益视为最高利益而忽视其他相关方，而利益相关者理论则拓宽了企业管理和发展中利益相关方的视野。弗里曼认为，商业服务和组织都在经受动荡，无论是企业的内部关系还是企业生存的外部环境都发生了变化，应该把那些能够影响组织目标实现或者受其影响的团体和个人都考虑在内，真正让其参与到企业的组织管理中。因此，弗里曼给出了一个较为宽泛的定义，认为利益相关者是指“任何能够影响公司目标的实现，或者受公司目标实现影响的团体和个人”。在弗里曼看来，所有者、消费者利益鼓吹者、消费者、竞争者、媒体、雇员、特殊利益团体、环保主义者、供应商、政府和地方社区组织等都属于利益相关者。[2] 此后，学者 Eric Rhenman 提出了对利益相关者比较全面的定义：“利益相关者依靠企业来实现其个人目标，而企业也依靠他们来维持生存。”因此，企业在决策时要充分考虑利益相关者对企业造成的影响。企业的利益相关者众多，包括股东、债权人、雇员、消费者、竞争对手、中央政府、地方政府以及社会团体、媒体等。20 世纪 80 年代，针对利益相关者的研究更加细化，很多学者开始关注对具体的利益相关者进行分类。分类方式很多，但从法学角度，笔者仍对弗里曼的三分法持比较赞同的态度——弗里曼从所有权、经济依赖性和社会利益三个不同角度对利益相关者进行分类：第一类，主要包括对企业拥有所有权的利益相关者，如持有公司股票的经理人员、持有公司股票的董事和所有其他持有

---

〔1〕 See Ronald W. Clement, *The Lessons from Stakeholder Theory for U. S. Business Leaders*, Business Horizons, 2005, p. 255.

〔2〕 参见张世义：《利益相关者理论视角下的高校学前教育专业本科人才培养研究》，南京师范大学 2014 年博士学位论文，第 22 页。

公司股票的人员等；第二类，是与企业在经济上有依赖性的利益相关者，如在公司取得薪俸的所有经理人员、债券人、内部服务机构、雇员、消费者、供应商、竞争者、地方社区、管理机构等；第三类，与公司在社会利益上有利益关联的利益相关者，如特殊群体、政府领导人、媒体等。[1]

（二）私益救助型众筹平台的盈利模式

WPP集团旗下全球知名市场研究机构凯度集团（Kantar Group）在2020年10月28日发布的首份《网络大病筹款平台行业洞察报告》显示，当提到网络大病筹款平台时，用户对于"水滴筹、轻松筹和爱心筹"三个品牌的第一提及率达到85%，其中仅水滴筹占据60%以上。[2] 因此可以说，轻松筹、爱心筹、水滴筹是目前国内三大主营私益救助型众筹业务的平台。上述报告还显示"据不完全统计，目前已经有超过500万人次大病家庭通过大病筹款平台发布求助信息，获得超过20亿人次的爱心响应"。截至2021年年末，仅水滴筹平台已经成功帮助200多万个困难大病家庭筹集到428亿元医疗救助金。[3] 公开数据显示，2019年中国基本医疗保险参保人数已高达13.5亿人，但因其给付额低，无法有效解决大病重疾高额医药费用等问题。而根据保险行业协会数据显示，

---

〔1〕 参见寇小萱：《企业营销中的伦理问题研究》，天津人民出版社2001年版，第66页。

〔2〕 参见冷翠华：《首份〈网络大病筹款平台行业报告〉：网络大病众筹行业基本形成"一超两强"格局》，载证券日报网，http://www.zqrb.cn/stock/hangyeyanjiu/2020-10-29/A1603963531482.html。

〔3〕 参见潘福达：《国办重磅发文，首次提及"互联网个人大病求助平台"》，载北京日报客户端2021年11月23日。

商业健康保险在2018年覆盖率尚不足10%。[1] 换言之,在社会保障体系尚有不足和商业健康保险难以普及的现实情况之下,私益救助型众筹因其便捷和高效已然成为公民个人求助的重要选择。

但如此大量的私益救助型众筹项目,众筹平台在运营过程中却做着“亏本生意”。一些平台不收取任何手续费,比如,轻松筹和爱心筹网站主页均在明显位置标注了“0服务费”字样;另一些平台只收取少量费用,如水滴筹平台仅收取3%手续费,且单笔限额为5000元。私益救助型众筹平台这种“亏本生意”的背后,是其通过慈善获取流量再引入商业保险的隐藏盈利模式。比如水滴筹平台。2021年4月,水滴筹母公司——北京纵情向前科技有限公司(以下简称水滴公司)准备在美国上市。上市前,在其提交给向美国证券交易委员会的招股书中显示,该公司此前形成的众筹+互助+保险商业模式中,水滴保险商城(“水滴保”)的营收占总营收近九成。仅2020年,水滴保完成的首年度保费就高达144.26亿元,佣金收入为26.95亿元,占水滴公司整体收入的89.1%。[2] 简单地说,就是水滴公司形成了水滴筹吸引用户、水滴互助沉淀用户,水滴保负责完成商业化的商业模式,水滴筹的一个个案例变成了“引流”商业保险的活广告,激发了人们购买商业健康保险的意愿。或者可以说,水滴公司本质上更像是一家互联网保险中介平台。而作为水滴公司最有力的竞争对手,轻松筹平台的变现模式也是一样。轻松筹平台所属的轻松集团旗下分为轻松公益、轻松

---

〔1〕 参见冷翠华:《首份〈网络大病筹款平台行业报告〉:网络大病众筹行业基本形成“一超两强”格局》,载证券日报网,http://www.zqrb.cn/stock/hangyeyanjiu/2020-10-29/A1603963531482.html。

〔2〕 参见张越熙:《水滴拟赴美上市:2020年营收30亿 保险经纪收入占比近9成》,载百家号“封面新闻”,https://baijiahao.baidu.com/s?id=1697295749641872482&wfr=spider&for=pc。

互助、轻松筹、轻松保和轻松健康五大业务模块。其中，轻松保自2016年正式上线以来，截至2019年年末用户规模超过3000万，轻松保单款保险购买转化率最高达到13%，订单增长高达180%。[1]

值得注意的是，2021年上半年，网络互助迎来了关停潮。由于涉嫌违规，相互宝、水滴互助、轻松互助等纷纷关闭。变革之下，水滴筹和轻松筹等大型平台尝试通过开创新业务来替代原来网络互助沉淀用户的功能。2021年，水滴筹基于AI等技术研发新开辟了三个主要的技术平台，分别是智能营销、数字员工和医疗知识图谱，同时还增设了为患者连接新型药物研发企业通过临床试验项目寻求免费用药机会的新业务。轻松筹也在2020年布局“互联网+医疗健康”业务。虽然各大平台创新不少，但保险仍是主要变现渠道。2022年，水滴筹的保险相关收入达25.59亿元，占全年营业收入的91.34%。[2] 而轻松筹商业模式仍是“互联网医疗诊后+商保服务”，卖保险仍是重头戏。

简言之，私益救助型众筹平台的盈利模式就是聚集免费的流量再通过付费的商业模式变现。

（三）私益救助型众筹平台之监管责任

私益救助型众筹平台的盈利模式决定了私益救助型众筹的捐赠人和求助者必然属于其经济利益相关者，而政府、媒体、社会公众等则属于其社会利益相关者。私益救助型众筹平台在运营此类项目时，必须考虑到这些利益相关者，方能促进其

---

〔1〕 杨松：《轻松筹变现》，载《21世纪商业评论》2019年第11期。

〔2〕 参见《筹款1万被索要八千推广费？互联网大病众筹平台陷入公益性与商业性“打架”的怪圈》，载百家号“金融投资报”2023年4月19日，https://baijiahao.baidu.com/s?id=1763609545558009724&wfr=spider&for=pc。

良性发展。

简言之,私益救助型众筹平台为了确保自身长远发展利益的实现,必须将利益相关者作为重要考量因素。私益救助型众筹目前时常出现的求助者提供信息不实以及所筹款项滥用等情形,实属众筹平台与捐赠人和求助者之间的利益失衡。换言之,众筹平台在运营私益救助型众筹项目的过程中,通过海量数据信息的采集,业已形成的数据信息优势地位和其疏于审查和监管的现实不匹配。但根据利益相关者理论,众筹平台若出于长远发展之考虑,则需谨慎承担相关责任。捐赠人和求助者是私益救助型众筹平台的直接利益相关者,其切身利益的实现要求众筹平台要严格承担包括但不限于两个主要责任,即对求助者信息真实性审核和众筹款项合理使用的监管;政府、媒体,以及社会公众属于私益救助型众筹平台的间接利益相关者,私益救助型众筹平台的任何不当行为引发这些间接利益相关者的监管、舆论抨击、反对等行为,而这些行为同样密切影响着私益救助型众筹平台的运营发展。比如,水滴筹"扫楼"事件被新闻曝光后,引发了恶劣的社会影响。这种负面的社会影响会直接导致社会公众当中的一些私益救助型众筹的"潜在捐赠人"流失,使其不再选择通过此类众筹来奉献爱心。而此类平台也就因此失去了更多客户资源,进而导致自身企业利益受损。

因此,从利益相关者角度考虑,私益救助型众筹平台也应该对众筹款项的合理使用进行监管,从而打破私益救助型众筹中因众筹平台占有数据信息优势而引发的利益失衡,最终来确保自身持续良性发展之利益的实现。

第二节　众筹平台落实监管责任之困境

一、法定的平台监管责任缺位

(一)直接适用的排除

1. 私益救助型众筹与慈善募捐的比较分析。二者最主要的区别在于筹资(募捐)主体和筹资(募捐)目的的不同。私益救助型众筹是公民个人发起的为解决私人困难的一种大众筹资行为。慈善募捐是慈善组织发起的,为解决特定群体困难的一种筹集资金的活动。从本质上说,私益救助型众筹的发起具有"利己"的行为属性,而慈善募捐的发起是"利他"的。正因为慈善组织发起募捐的这种"利他"的公益属性,所以法律规定慈善组织"管理募得财物"[1],也同时为慈善组织设定了严格的成立条件和运行规则。

私益救助型众筹在行为表征上与互联网慈善募捐具有一定相似性。第一,在这两种大众筹资(募捐)模式中都存在三方主体:前者是"求助者－众筹平台－捐赠人",后者是"受益人－慈善组织－捐赠人"。第二,二者又都具有扶贫济困的慈善属性。私益救助型众筹是陌生人之间借助网络社交媒体施以善意的方式,互联网慈善募捐亦是如此,捐赠人自愿无偿捐出自己的财产,给予陌生人无私的帮助。第三,根据前文论述,基于利益相关者理论,私益救助型众筹平台应当负有监督管理众筹款项合理使用的责任。而根据

[1] 《慈善法》第26条规定:"不具有公开募捐资格的组织或者个人基于慈善目的,可以与具有公开募捐资格的慈善组织合作,由该慈善组织开展公开募捐并管理募得款物。"

法律规定慈善募捐中的慈善组织，当然地负有管理募捐所得财物的责任。因此，私益救助型众筹可以看作是一种“类慈善募捐”行为。但行为表征的相似性不能掩盖行为实质的不同。私益救助型众筹平台是商业企业而不是慈善组织，所以从慈善法治的角度，私益救助型众筹平台当前并不具有法律赋予的监管众筹款项合理使用的权力。

2. 私益救助型众筹与传统的居间行为有所不同。私益救助型众筹的行为表征确实与传统居间行为类似，但却存在不同。《民法典》第 961 条规定：“中介合同是中介人像委托人报告订立合同的机会或者提供订立合同的媒介服务，委托人支付报酬的合同。”从形式上看，私益救助型众筹平台确实为求助者和捐赠人提供了媒介服务，而且目前由于运营成本压力导致很多众筹平台也纷纷结束了“0 服务费”时代，转而收取 2% ~3% 的手续费。同时，近年来为了拓展客户群体，一些众筹平台开始用“扫楼”等方式促进更多地发起私益救助型众筹。上述表征都与居间行为相似。但从中介人的如实报告义务角度来看，私益救助型众筹平台并不符合这一特征。《民法典》第 962 条规定：“中介人应当就有关订立合同的事项同委托人如实报告。中介人故意隐瞒与订立合同有关的重要事实或者提供虚假情况，损害委托人利益的，不得请求支付报酬并应承担赔偿责任。”在私益救助型众筹中，捐赠人是否与求助者订立赠与合同，前提是捐赠人对求助者信息真实性的确认。作为众筹平台，其对自身的定位是“中立的信息传播平台”和“技术服务平台”。例如水滴筹用户协议中明确表述为“平台提供网络空间和技术服务”。[1] 虽然《慈善法(修订案)》中增加了“网络服务提供者

〔1〕 参见水滴筹《用户协议》，载水滴筹网，https://www.shuidichou.com/luban/fs8awfncn6an/1?v=1661937238390。

应当承担求助信息真实性审查义务”的规定，但作为众筹平台，即便认真履行了求助信息的审查义务，也并不能完全地确保求助的真实性，不能排除无法通过平台审查而导致的求助者隐瞒重要事实或者提供虚假情况的行为发生。所以说，众筹平台不负有中介人如实报告的义务。而实践中，一些众筹平台也确实以此作为私益救助型众筹捐赠人利益受损时的平台免责事由。比如，水滴筹在其用户协议中“平台服务”部分的第7条就阐明“用户同意并理解，即便平台已经采取技术和人力措施，对平台上所发布的求助信息进行严格审核，并受理对虚假、诈骗、洗钱等线索的举报并进行处理，以尽力维护平台求助信息的真实性、合法性，但平台不因前述行为而对求助信息承担任何责任，求助信息发布者应对所发布的信息承担全部法律责任。用户在决定对求助人进行资金赠与前，应对该个人大病求助项目进行全面细致的了解，自行判断求助信息的真实性并自行决定是否提供帮助或赠与资金。”故笔者认为，私益救助型众筹与传统的居间行为有所不同。

3. 私益救助型众筹与公益信托不同。虽然私益救助型众筹与公益信托都具有三方主体，且从捐赠财产的处置方式来看也具有一定的相似性，即捐赠人无偿让渡自己财产的所有权，受赠人必须按照捐赠人的意愿来管理和使用该财产，同时二者又都具有扶贫济困的公益性质。但二者本质上并不相同。私益救助型众筹中的受赠人是求助者，同时求助者也是受益人。而公益信托中的受赠人是受托人，受益人对捐赠财产不享受管理和处分的权利。此外，公益信托中的受托人要尽到诚信和勤勉之义务，以实现信托财产的保值和增值。但在私益救助型众筹中，众筹平台对众筹款项的管理并不是以保值增值为内容的，此类众筹平台对众筹款项应然的监管责任仅限于确保该款项的合理使用。因此，私益救助型众筹平台也不同于公益信托中的受托人。公益信托的受托人负有管理信托财产的法定义务，但私益救助型众筹平台对众筹款项合理使用的监管责任不同于公益信托中受托人的法定义务，故也不能适用公益信托相关法律规定。

综上所述，私益救助型众筹作为互联网时代一种大众筹资的创新模式，与传统的慈善募捐、居间行为和公益信托都具有行为表征的相似性，但又都有本质的不同，因此不能直接适用三者的相关法律规定。

（二）类推适用的问题

因私益救助型众筹与上述三种模式具有相似性，故亦可以考虑类推适用相似模式之法律规定。类推适用是在法律漏洞存在的前提下，将法律针对某构成要件（A）或多数彼此相类的构成要件而赋予之规则，转用于法律所未规定而与前述构成要件相类的构成要件（B）。转用的基础在于二构成要件——在与法律评价有关的重要观点上——彼此相类，因此，二者应作相同的评价。易言之，系基于正义的要求——同类事物应作相同处理。[1]

因此，如果考虑将慈善募捐、居间行为、公益信托之现有法律规定类推适用于私益救助型众筹，则首先要判定后者与前三者是否属于同类，即是否具有相似性。从行为表征来看，私益救助型众筹与上述三者都具有某种程度的相似性。但所谓"同类"事物，应该是性质相同而表征类似，也就是类推适用的科学性问题。[2] 故私益救助型众筹能否类推适用上述三者之法律规定还要探究其行为属性。

---

〔1〕 参见［德］卡尔·拉伦茨：《法学方法论》，陈爱娥译，商务印书馆2003年版，第258页。

〔2〕 参见李俊：《论代理规则对代表行为的类推适用——对〈合同法〉第五十条有关规定之思考》，载《西南民族大学学报（人文社科版）》2006年第4期。

私益救助型众筹与慈善募捐的行为属性不同。前文论述过，私益救助型众筹与慈善募捐虽然都是一种广义的“慈善”行为，但行为属性因行为目的不同而具有根本区别：私益救助型众筹的行为目的是救助某一公民个人之困难，为特定的公民个人即为私益；而慈善募捐的行为目的是救助某一困难群体，为不特定的多数人即为公益。因此，私益救助型众筹不能类推适用慈善募捐的现有法律规定。虽然从外部性和利益相关者理论推断此类平台应当负有更多的审查信息和监管所筹款项使用的责任，但这种责任与慈善组织之责任有根本区别。私益救助型众筹平台运营私益救助型众筹项目是为了“引流”至平台其他业务板块，从中获益。简言之，私益救助型众筹平台帮助公民个人发起众筹是商业行为；而慈善组织为公民个人或某一特殊群体发起募捐则并非商业行为，属于公益行为。

私益救助型众筹与居间行为属性不同。私益救助型众筹平台虽然也在捐赠人与求助方之间起到了类似“订约媒介”的作用，但传统居间行为中的居间人在订约之后即完成工作，不再负有监督履约之义务。而私益救助型众筹平台的监管责任在捐赠人和求助方订约之后仍然持续。因此，私益救助型众筹不能类推适用居间行为的法律规定，否则会导致此类众筹平台监管责任的落空，不利于对捐赠人利益的保护。

私益救助型众筹与公益信托的行为属性不同。私益救助型众筹平台虽然负有求助者信息审查和所筹款项合理使用的监管责任，但这种责任并不是基于捐赠人对众筹平台的委托而产生，同时二者也存在公益和私益的本质不同。因此，私益救助型众筹平台也不能类推适用公益信托中有关受托人的法律规定。

二、约定的平台监管责任虚设

私益救助型众筹平台是商业企业。虽然此类众筹平台由营利性企业运营,但私益救助型众筹活动本身却与慈善募捐等扶贫济困的公益活动一样,具有广义的慈善[1]属性。因此可以说,私益救助型众筹是通过商业平台来做慈善。在此类众筹中,平台虽为营利性企业,但却在某种程度上扮演着类似慈善中介(慈善组织)的角色。

商业企业做慈善会因契约失灵而必然导致私益救助型众筹平台对众筹款项合理使用之监管责任形同虚设。在市场经济条件下,市场不仅在提供公共物品时存在着"失灵",而且在提供私人物品时也存在着缺陷。[2] 20 世纪 80 年代,美国法经济学家 Henry B. Hansmann 提出了契约失灵理论。所谓契约失灵,是指在信息不对称的情况之下,企业因逐利而产生的侵害消费者利益的机会主义行为,无法因二者之间的契约而得到遏制。当消费者无法获知企业的全部信息时,其对企业提供的服务或产品质量无从判断,从而导致企业为追逐高额利润而"以次充好"。此时,市场机制本身的调节作用受到抑制,难以发挥作用。

在私益救助型众筹中,众筹平台作为商业企业为捐赠人和求助者提供信息交互等服务。此时,捐赠人无法获知关于私益救助型众筹项目的全部真实信息,众筹平台因商业属性必然选择追逐更多利润的行为:一是私益救助型众筹平台在无规则强制的情况下,不会主动严格审核求助者资格和求助信息的真实性。因为一方面,众筹平台的严格审核会增加成本。另一方面,众筹平台因严格审核会导致众多客户流失,这与众筹平台运营私益救助型众筹

---

〔1〕 本书所称"慈善"分为广义的慈善和法律意义的慈善。广义的慈善,包括所有人们自愿地奉献爱心与援助的行为和从事扶弱济贫的活动;法律意义的慈善,是指在慈善法律法规范围内的自发自愿的公益活动。

〔2〕 参见李红艳:《非政府组织的基本理论探讨》,载《武汉大学学报(哲学社会科学版)》2009 年第 3 期。

项目的初衷背道而驰。因为此类平台大多都是依靠私益救助型众筹项目来赚取流量,进而开展其他版块的业务(诸如商业健康保险销售等)来获取更大收益。这也是水滴筹“扫楼”事件出现的根本原因。二是私益救助型众筹平台在无规则强制的情况下,不会主动对众筹款项的去向作严格监管。私益救助型众筹平台作为商业企业,此类众筹项目为平台带来的客户和流量才是平台获利的根本所在。正因如此,众筹平台如果没有法定责任的制约,其当然不会选择严格监管众筹款项的使用,毕竟这一行为本身不会为平台带来收益,反而会增加成本,甚至由于严格监管而导致潜在客户的流失。

综上所述,私益救助型众筹平台应该对众筹款项的合理使用进行监管,这不仅是出于抑制互联网企业负外部性之考虑,同时也基于捐赠人、求助者,以及“潜在捐赠人”作为私益救助型众筹平台的利益相关者之考量。但作为新生事物,私益救助型众筹存在现有法律规制空白,而如果参照已有法律规制的慈善募捐、传统居间行为,以及公益信托之法律规定,又存在类推适用之不能,即不存在价值功能和法律特征的“相似性”,因此不能类推适用上述三种行为的既有法律规定,故私益救助型众筹平台对众筹款项合理使用的监管责任不属于法定义务。而私益救助型众筹这种商业企业做慈善的行为,又会因契约失灵而使此类众筹平台对众筹款项合理使用的监管责任“落空”。因此,要将私益救助型众筹平台对众筹款项合理使用的监管责任落实,加强对平台的监管和法律规制成为必然选择。

第三节　众筹平台监管方式探析

私益救助型众筹平台对众筹款项合理使用的监管，主要体现在款项提现模式的选择上。可选择的提现模式有三种：一是求助者一次性提现，这也是目前多数私益救助型众筹平台普遍采用的提现方式；二是求助者分期提现；三是由众筹平台直接将众筹款项打给相关机构对公账户。这三种方式各有利弊，下面作以具体分析。

一、方式比较

（一）一次性提现模式

一次性提现是求助者（发起人）在众筹成功之后，向平台提供相应的证明资料后，一次性提取所有众筹款项。当然，也存在提前提现的情况，即众筹期限尚未届满时，由于某些客观原因，求助者（发起人）提前一次性提取当时所筹款项的情况。在这种情况下，求助者（发起人）提现之后不得再提起同一目标的私益救助型众筹。

一次性提现方式的优势在于，对于众筹平台来说可以节省多次审核的人工成本。但对于求助者（发起人）来说，可能存在一些弊端。比如，有很多求助者（发起人）在筹款结束日期之前就需要马上缴纳足额的手术费或治疗费，而此时筹款日期还没到，如果提前提现，则意味着求助者（发起人）无法筹到下一阶段足额的治疗费用。所以在这种模式下，对很多亟须治疗费用的求助者（发起人）来说，是等待筹到更多钱，还是尽快提现用于治疗，成了两难选择。也正因如此,所以有些平台甚至为了招揽更多私益救助型众筹项目,打出“快速审核,及时拿钱”的广告。这种“快速审核”则又引发了虚假众筹和滥用众筹款项的风险。

(二)分期提现模式

所谓分期提现模式,是指私益救助型众筹平台依据求助者(发起人)提供的相关证明材料,将所筹款项分几次打给求助者(发起人)的提现模式。既然一次性提取所筹款项容易导致私益救助型众筹款项被求助者(发起人)滥用的情况,那么分期提现的模式就具有了间接抑制求助者(发起人)恣意的优势。

分期提现模式要求私益救助型众筹平台要对求助者提供的提款证明材料进行较为严格的审核,一旦求助者(发起人)不能够提供充分的证明材料,则众筹平台可以拒绝其提现申请。这种方式从形式上做到了对求助者(发起人)提现行为的严格限制,进而可以在一定程度上降低虚假众筹的风险。

水滴筹平台于2020年8月推出了“边筹边取”功能。这一功能切实解决了一次性提现给某些在众筹截止之前就亟需用钱的求助者(发起人)带来的困难。而且在实践中还存在银行二类账户打款金额受限的问题。据报道,2020年6月,一位母亲为身患骨肉瘤的儿子在水滴筹发起筹款,在5天内筹的近21万元,平台打款时却显示失败。原因就是这位母亲在后台登记的是银行二类账户,每天只能打款1万元。这样以来,21万元的治疗费需要21天才能全部提现成功。[1] 这种“边筹边取”、不限次数的提现模式显然能够

---

〔1〕 参见陈张书:《“边筹边取”,水滴筹智能审核案例已达90%》,载快讯网“潇湘晨报”2021年2月3日,https://www.360kuai.com/pc/9482f36aeb2a711ad?cota=3&kuai_so=1&tj_url=so_vip&sign=360_57c3bbd1&refer_scene=so_1。

帮助求助者(发起人)解决燃眉之急。但此种模式不仅提升了人工审核的成本,同时也需要强有力的技术支持。因为每次提现都需要审核相关单据的真实性并公示。虽然水滴筹采取了“智能 + 人工”的方式,提高了审核信息和提现的效率,为求助者(发起人)提供了便利。但与此同时,这种模式所带来的高昂成本也反过来加诸在了求助者身上。前文提及,水滴筹最初是“0 服务费”模式,但在 2022 年 4 月开始收取 3% 的筹款服务费,就是由于运营成本过高所致。

(三)款项打给相关机构对公账户模式

学界对目前一次性提现模式有诸多质疑,因此有学者提出可以将所筹款项直接打给相关机构的对公账户。[1] 这里的相关机构指的是在私益救助型众筹活动中,实际收取求助者众筹款项的机构,比如大病众筹中的相关医疗机构,或者学费众筹中的相关院校等。

第一,这种模式可以避免求助者一次性提现之后滥用的风险;第二,此种模式还可以省去分期提现对于私益救助型众筹平台造成的额外成本;第三,在这种模式中,私益救助型众筹平台通过与相关机构建立长期联系,也可以获知更多求助者真实信息,从而进一步减少虚假众筹和滥用所筹款项的风险。

但此种模式也并非完美选项。一方面私益救助型众筹平台将所筹款项直接打给相关机构对公账户,相当于将此类款项的管理责任转移给了相关机构。比如大病众筹中,众筹平台将所筹款项打给相关医疗机构对公账户后,此医疗机构须承担此类款项合理

---

[1] 参见伞新茹:《个人求助类公益众筹的问题研究》,北京邮电大学 2019 年硕士学位论文,第 44 页。

使用的监管责任。目前发起大病众筹的患者很多,一旦采用这种模式,医疗机构需要有专人负责此类事务,甚至是专门的部门与私益救助型众筹平台对接。如此复杂的流程对于相关机构来说,在实践中确实存在一定困难;另外,如果采用此种模式,当众筹款项发生剩余时,相关机构如何处置这笔款项也无定论。在目前私益救助型众筹法律规制缺失的状态下,很可能出现求助者一方与相关机构针对剩余款项所有权发生争议的情况。

二、合理选择

私益救助型众筹平台对所筹款项合理使用的监管方式需要在利益衡量的基础上作出选择。利益衡量,是针对具体案件中的相同性质或不同性质的各方利益作出价值判断,从而得出具有实际意义的、符合当下社会共识的结论。利益衡量实质上是一种法律适用的方法论。这种方法有别于以往一直占据主导地位的概念法学的思考方法。梁上上教授曾用“自动售货机”来形容概念法学僵化和机械的思考方法:“这正如自动售货机,从上面投入事实,在其中运用预先设定的所谓法律规定,然后从下面自动出来结论……而且是唯一的、正确的结论。”[1]与这种方法相对,利益衡量方法更加注重利益在法律适用中的地位。利益衡量的灵活性更加适应现代社会的纷繁复杂和填补法律漏洞。

在私益救助型众筹中,所筹款项众筹平台监管方式的合理选择应当基于自由、秩序、正义和效率等法秩序价值的综合考量。一次性提现的方式有助于众筹平台节约成本,体现了效率的价值,但却加剧了虚假众筹和滥用众筹款项的风险,与秩序和正义价值相悖。而分期提现的模式能够帮求助者(发起人)解燃眉之急,却加

---

〔1〕 梁上上:《利益衡量论》(第2版),法律出版社2019年版,第46页。

剧了众筹平台的审核成本，进而使其监管责任“落空”。此种方式体现了自由和效率，却无法保证秩序和正义的实现。由私益救助型众筹平台直接将款项打给相关机构对公账户的做法，可以最大限度降低虚假众筹和滥用众筹款项的风险，且能够省去分期提现给众筹平台造成的多次审核成本。但此种模式也存在一些现实问题，首先众筹平台直接将款项打给相关机构对公账户的做法无法实现多次打款，只能在筹款期限截止或之前一次性打款，因此也存在无法平衡求助者（发起人）急需用钱和继续筹款之间的矛盾。而且此种模式中还存在众筹平台与相关机构能否顺利对接，以及剩余款项所有权归属争议的问题。因此可以说，第三种模式在体现秩序、正义和的同时牺牲了效率和自由。

从利益衡量的角度分析，分期提现和将众筹款项直接打给相关机构对公账户的做法属于“相对较优”的选择。实践中，目前国内较大的几家大病众筹平台也有过类似的做法。比如，在水滴筹用户协议中就明确提到了“发起人、求助人提交相关证明材料并通过平台审核后，赠与款项将支付至求助人或求助人制定收款人账户，或平台有权根据其独立判断，决定将赠与款项进行对公打款（直接支付给项目相应的医疗机构、慈善机构等）、分批打款等操作。”〔1〕

但值得注意的是，上述三种模式都存在众筹平台形成资金池的风险。前文提到私益救助型众筹平台不是公益组织，其盈利模式虽然是通过公益项目赚取流量再引流至商业保险来实现变现，但也不排除其非法挪用众筹资金的可能。而且众筹截止之前，赠与款项留存在众筹凭条账户中会产生一定利息，该利息的归属问

〔1〕 参见水滴筹《用户协议》，载水滴筹网，https://www.shuidichou.com/luban/fs8awfncn6an/1?v=1661937238390。

题也值得探讨。目前,水滴筹平台表示该利息“将全部用于因平台提供网络、技术、人力等服务产生的相关费用,或可由平台捐赠给从事公益事业的非盈利法人,包括基金会、社会团体、社会服务机构、事业单位等。”[1]这种做法是否合理,笔者会在后续章节深入探讨。

本章小结

根据外部性理论和利益相关者理论,私益救助型众筹平台对所筹款项的合理使用应当负有监管责任。私益救助型众筹平台由营利性企业运营,因而众筹平台出于经济利益考量带来的负外部性体现在对捐赠人的权利侵害,即由于众筹平台疏于监管,虚假众筹和挪用众筹款项的情况多发。解决负外部性问题就是让外部性的供体承担相应的义务和责任。因此,私益救助型众筹平台对所筹款项合理使用负有监管责任。同时根据利益相关者理论,企业在决策时要充分考虑利益相关者对企业造成的影响。捐赠人和求助者是私益救助型众筹平台的直接利益相关者,其切身利益的实现要求众筹平台要严格承担对求助者信息真实性审核和众筹款项合理使用的监管责任;政府、媒体,以及社会公众属于私益救助型众筹平台的间接利益相关者,挪用款项等事件引发的负面影响,会直接导致社会公众中的一些私益救助型众筹的“潜在捐赠人”流失,使其不再选择通过此类众筹来奉献爱心。而此类平台也就因此失去了更多客户资源,进而导致自身企业利益受损。综上考量,

〔1〕 参见水滴筹《用户协议》,载水滴筹网,https://www.shuidichou.com/luban/fs8awfncn6an/1?v=1661937238390。

私益救助型众筹平台必然负有对所筹款项监管之责任。

私益救助型众筹平台应该对众筹款项的合理使用进行监管，但作为新生事物，私益救助型众筹存在现有法律规制空白，导致直接适用法律规定的排除；而如果参照已有法律规制的慈善募捐、传统居间行为，以及公益信托之法律规定，又存在类推适用之不能，即不存在价值功能和法律特征的"相似性"，因此不能类推适用上述三种行为的既有法律规定，故私益救助型众筹平台对众筹款项合理使用的监管责任不属于法定义务。而私益救助型众筹这种商业企业做慈善的行为，又会因"契约失灵"而使此类众筹平台对众筹款项合理使用的监管责任"落空"。因此，要将私益救助型众筹平台对众筹款项合理使用的监管责任落实，加强对平台的监管和法律规制成为必然选择。

本章最后探讨了所筹款项合理使用的众筹平台监管方式。一次性提现可以节省人工审核成本，但挪用众筹款项和虚假众筹之风险过高；分期提现有利于解决求助者（发起人）的燃眉之急，却提升了众筹平台的运营成本；众筹平台打款至对公账户的方式更利于监管所筹款项的合理使用，但也存在固有弊端。实践中，这三种方式都存在平台形成资金池和众筹款项利息如何分配的问题，只有通过立法规制才能更好地平衡各方利益，促进私益救助型众筹良性发展。

第五章　剩余款项的合理归属与众筹平台监督

第一节　剩余款项归属的现实问题

一、剩余款项产生的原因

私益救助型众筹中经常出现众筹款项剩余的情况。出现这种情况的原因，从根本上来讲就是私益救助型众筹的众筹事由灭失。此类众筹事由灭失的情形，具体而言包括两大类：一是众筹事由自始不存在的情形。这种情况属于特例，也就是私益救助型众筹的发起人或求助人因虚构事实或隐瞒真相，发起了一个虚假众筹，所得款项并未用于求助事由，因此产生了众筹款项的剩余。此种情形属于民事欺诈或刑事诈骗的范畴，笔者会在第六章深入讨论。二是众筹事由嗣后不存在的情形。这种情况是私益救助型众筹产生剩余款项的普遍原因，也就是此类众筹发起时所申明的众筹事由灭失，但众筹款项并未用完。比如，在大病众筹中，在众筹款项使用完之前发生了求助者病愈或身亡的情形，此时即产生众筹的剩余款项。区分剩余款项产生的原因，有助于确定私益救助型众筹中剩余款项的合理归属，进而明确众筹平台监督剩余款项之责任。

二、剩余款项归属观点交锋

私益救助型众筹中的剩余款项如何处置的问题，一直都是公众和学术界讨论的热点问题。目前已经有学者对此类众筹中剩余款项的归属问题提出了自己的主张。

（一）观点一：剩余款项归属求助者

持此种观点的学者认为，私益救助型众筹的剩余款项应当归属于求助者自行支配。因为，一方面，私益救助型众筹中的捐赠人与求助者之间属于赠与关系。在赠与关系中，当众筹成功，平台将所有众筹款项打到求助者账户时，即完成了赠与财产的转移。此时，众筹款项的所有权已然归属于求助者一方。另一方面，私益救助型众筹虽然不属于法律意义的慈善捐赠，但其属性与慈善捐赠并无二致——都是捐赠人基于“施以善心”的目的将自己的私有财产无偿捐赠给有需要的群体（或个体）。私益救助型众筹是通过私人互济互助的方式来实现公益慈善的目的。私益救助型众筹的捐赠人在参与此类众筹之前，就已经明确了其无偿捐赠自己财产的行为，其作出的决定是理性的抉择，是有意识的行为。因为私益救助型众筹行为具有广义的慈善属性，在大慈善的视角下，“为了保护慈善捐赠受益人的利益和公益目的，捐赠人不能享有返还权。即使在慈善捐赠人捐赠财产后，慈善捐赠目的完成、受益人死亡或其他因素出现捐赠剩余时，捐赠人也不应该享受慈善捐赠权益的返还权。换言之，慈善捐赠一旦履行，捐赠人便无权请求返还捐赠权益”[1]。同理，在私益救助型众筹中，为了保护求助者一方的利

〔1〕 李喜燕：《慈善捐赠人权利研究》，西南政法大学2013年博士学位论文，第119页。

益得到充分实现，剩余款项应当归属于求助者，由其自由支配。也就是说，当私益救助型众筹的款项发生剩余时，此种观点认为捐赠人不享有剩余款项的返还请求权。[1]

（二）观点二：剩余款项返还捐赠人

持此种观点的学者[2]认为，私益救助型众筹产生的剩余款项应当归属于捐赠人，即捐赠人享有剩余款项的返还请求权。这种观点认为，私益救助型众筹中的捐赠人和求助者之间已然形成了一种民法上的赠与关系。但这种赠与是附特定目的的赠与，捐赠人无偿捐出自己的私有财产给求助者的目的具有明确的指向性，那就是此众筹款项只用于本次众筹的特定事由。此类众筹的目的在于针对个体的扶危济困，是“救急治病”而非“发家致富”。因为“目的赠与重在结果而依法律行为本身而言并不课以义务，当且仅当结果不能实现时，可请求不当得利返还”[3]。被誉为罗马五大法学家之一的乌尔比安曾说“法律乃良善允正之术”。因此在考虑私益救助型众筹剩余款项归属问题时，利益衡平的理念必然贯穿始终。因此，当此类众筹事由灭失时，剩余的众筹款项应该返还捐赠人。一方面，实现特定赠与目的以外的权益不应该由求助者享有；另一方面，将私益救助型众筹的剩余款项返还捐赠人也符合公序良俗的精神。

在大病众筹案例中，2015 年的夫妻众筹救女后晒出国旅游照

---

〔1〕 参见李喜燕：《慈善捐赠人权利研究》，西南政法大学 2013 年博士学位论文，第 120 页。

〔2〕 持此种观点的学者有：王艺：《个人求助的民法规制研究——以对“罗一笑事件”的质疑与反思为路径》，兰州大学 2017 年硕士学位论文；伞新茹：《个人求助类公益众筹的问题研究》，北京邮电大学 2019 年硕士学位论文。

〔3〕 史尚宽：《债法各论》，中国政法大学出版社 2000 年版，第 85 页。

事件就引起了广大网友对私益救助型众筹中剩余款项归属的争论。在此事件中，广东佛山的一对夫妻为自己身患重疾的女儿在轻松筹发起筹款，而后其女儿因医治无效身亡，此时众筹款项仍剩余6万元左右。此后，该对夫妻用余款中的1万多元去了一趟西藏，理由是为女儿“做法事”。之后不久，其又在朋友圈晒出了去国外度假的照片。这些举动通过社交网络被网友“尽收眼底”。在上述案例中，私益救助型众筹的剩余款项被求助者父母用于为女儿“做法事”的行为，显然不属于将众筹款项用于“特定的赠与目的”。

（三）观点三：剩余款项交由第三方管理

这种观点源于对慈善信托中“近似原则”的借鉴。近似原则作为一项法律原则首见于罗马—查士丁尼法典，最初主要适用于遗赠财产，其基本规则是当遗赠人的原始意愿被发现非法而不能实现时，通常适用近似原则，将该财产用于其他目的，以保证慈善信托继续有效，而不是把遗赠财产返还给遗赠人或其继承人。该原则亦可理解为在尊重捐赠人意愿的同时也强调发挥捐赠财产的公益效用。[1] 同理推断，私益救助型中众筹的剩余款项可以交给慈善组织或者成立一项基金，由中立的第三方来进行专门管理。此种观点认为，剩余款项如果归属于求助者，任其自由支配，“经济人”的利己属性必然会导致虚假众筹泛滥的风险。毕竟，通过“卖惨”来虚构私益救助型众筹已然成为某些人“发家致富”的手段。而如果将私益救助型众筹的剩余款项返还给捐赠者，显然符合公序良俗精神，同时也能够极大地保护捐赠人的利益和激发潜在捐

---

〔1〕 参见李喜燕：《慈善信托近似原则在美国立法中的发展及其启示》，载《比较法研究》2016年第3期。

赠人的慈善热情。但从实操性以及成本收益的层面考量,此种观点也值得商榷。毕竟,如果计算此类剩余款项按比例原路返还的人工及其他技术支出,通常情况下需要众筹平台自己负担这一部分成本。而且在剩余款项金额较小的情况下,如果按比例返还,可能多数捐赠人只能被返还几块钱,因为众筹的本质就是小额、大众。因此,通过比较可以看出,将私益救助型众筹的剩余款项交给慈善组织或者成立一个基金会来管理的做法更有利于实现捐赠人的慈善目的,因为私益救助型众筹的捐赠人捐出财产的初衷就是为了扶贫济困、帮助弱者。这种将剩余款项交给第三方管理的做法"符合社会公众最初的捐赠意愿及社会主流道德观","这既不违背捐赠人扶危济困的善良意愿及捐赠目的,可使众多爱心得以延续和发扬,又与社会诚实信用及公序良俗原则相符合"[1]。换言之,此种做法使私益救助型众筹的剩余款项实现了最大限度的价值。

第二节 剩余款项合理归属的利益衡量

一、剩余款项归属的特异性

针对私益救助型众筹剩余款项归属能否采取近似情形之财产归属的类推适用,笔者对其特异性进行如下分析。

(一)异于一般赠与合同的财产归属

私益救助型众筹的捐赠人与求助者之间是赠与关系。一般赠

[1] 祝阳帅:《为特定受助人募捐剩余财产归属问题研究》,浙江大学2013年硕士学位论文,第31页。

与关系中，赠与财产权转移之前，赠与人有任意撤销权。但赠与的标的物发生所有权转移之后，赠与人无权撤销该合同。也就是说，在一般赠与关系中，赠与财产转移给受赠人之后，受赠人则享有该财产的所有权。赠与财产的所有权转移之后，赠与人无权干涉受赠人如何处置该财产。但私益救助型众筹的捐赠人与求助者之间属于附目的赠与关系，此特定目的的内容为“捐赠人无偿捐出的财产必须用于求助者发起众筹的求助事由”。在附目的赠与合同中，当受赠人不按照合同约定的特定目的处分赠与财产时，赠与人享有合同撤销权，可以要求受赠人返还财产。因此，当私益救助型众筹发生众筹事由灭失而导致的款项剩余时，无论求助者如何使用剩余款项，均属于“不按照合同约定的特定目的处分赠与财产”，捐赠人享有剩余财产的合同撤销权，即此时捐赠人可以要求求助者返还剩余财产，也就是说私益救助型众筹的捐赠人享有剩余款项的返还请求权。

（二）异于慈善捐赠的剩余款项归属

前文论述了私益救助型众筹与慈善捐赠的不同。虽然二者都具有慈善属性，但慈善捐赠的发起方是法定的慈善组织，其行为的实体和程序都受到《慈善法》及其相关法律法规的严格规制。《慈善法》第 57 条规定：“慈善项目终止后捐赠财产有剩余的，按照募捐方案或者捐赠协议处理；募捐方案未规定或者捐赠协议未约定的，慈善组织应当将剩余财产用于目的相同或者相近的其他慈善项目，并向社会公开。”

上述法律规定被称为慈善相近原则。慈善捐赠中剩余款项的合理使用，更多地体现出了慈善事业的公益属性。而私益救助型众筹目前并不属于《慈善法》规制的范畴，所以其剩余款项的归属尚无定论。

(三)异于私益募捐的剩余款项归属

私益募捐,是指公民个人或非公益组织的某单位、团体,基于特定目的而向特定范围内的多数人发起的募捐活动。作为与私益救助型众筹相近的一种模式,私益募捐的剩余款项归属问题也一直是学术界和实务界讨论的热点问题。针对私益募捐的剩余款项归属问题,司法实践中存在两种截然不同的观点。一种观点认为,私益募捐属于为第三人利益合同,即募集人和捐赠人签订赠与合同是为了需要帮助的第三人的利益。在此合同中,第三人(需要帮助者)作为受益人仅享有对募捐财产的请求权,而非募捐财产的所有权。募捐财产的所有权归属于募集人。也就是说,当私益募捐的事由灭失时,第三人(需要帮助者)对剩余款项不再享有请求权。另一种观点认为,私益募捐的捐赠人与受赠人(需要帮助者)构成赠与关系,而募集人只是该赠与财产的代管人,只是代为管理私益募捐的募集财产。私益募捐的募集财产之所有权理应归属于受赠人(需要帮助者),因此当出现剩余款项时,也必然归属于受赠人(需要帮助者)。但实践中,持第一种观点者居多,判例也大多将私益募捐的剩余财产判定归属于募集人。

私益救助型众筹显然不同于私益募捐,笔者在第一章中曾详细论述了二者的区别。虽然都是三方法律关系,但私益救助型众筹中的互联网众筹平台与私益募捐中的募集人截然不同。前者仅仅是众筹的媒介,而后者是募捐的发起人。因二者性质不同,所以不能类比私益募捐而推导出私益救助型众筹的剩余款项归属。私益救助型众筹中的捐赠人与求助者构成赠与关系,但互联网平台并未发起众筹,其作用仅为促成赠与合同,提供信息交互的媒介,因此私益救助型众筹剩余款项不能归属于互联网平台。

鉴于上述分析,私益救助型众筹剩余款项归属问题因与上述三种近似情形性质不同而不能完全适用上述三种近似情形之财产归属。私益救助型众筹剩余款项之归属，须在进行综合的价值判断和利益衡平之后，得出最合理的安排。

二、剩余款项归属的合理安排

"法律具有利益调配功能，旨在分配利益时必须遵循公平理念并适当考虑伦理道德因素及公共政策因素。这种思维定式反映了人们对法律的期待，也反映出人们在寻求表现和实现公平的途径时对法律的信赖。基于这样的原因，在捐款使用目的已经特定化的前提下，预期捐款应用于何处已为人们所知晓。怀着这样的预期，一旦捐款被挪作他用或归属于与捐款用途不相干的人或竟使人因此而受益便会自然引起人们的义愤，进而破坏了他们对法律的预期和信赖。这当然也破坏 了公平的理念，有悖于法律价值的实现。所以捐款余额的所有权的确定必须体现公平、正义的法律准则。"[1]尽管如此，但私益救助型众筹属于新生事物，尚无专门法律规制，因此其剩余款项归属问题的分析应以利益衡量为基础。

（一）三种观点的比较分析

利益衡量理论是法律适用中常用的方法，其主要功能就是填补成文法天生滞后性所产生的法律漏洞。不可否认，现代社会的高速发展和急速变化导致了各种问题、矛盾和纠纷的极端复杂性。20 世纪中叶以后，随着工业社会的崛起，这种复杂性使得司法实务界和法律学术界对某一新生事物的价值判断，如果严格遵从概念法学"独尊成文法与严密的三段论逻辑"的话，则会常常陷入"无法

〔1〕 曾言：《论社会募捐剩余财产的所有权归属》，载《湖南社会科学》2008 年第 6 期。

适从”的境地,无法得出平衡现实利益需求的结果。因此,在这种背景下,利益衡量理论应运而生。

利益衡量方法相较于传统概念法学的思考方法更加灵活,且更加适应现代社会日益复杂的各种纠纷的处理模式。下面,笔者就以利益衡量理论为基础,对私益救助型众筹剩余款项归属的三种观点进行比较分析。

第一种观点是,私益救助型众筹的剩余款项归属于求助者。求助者对众筹款项的所有权来源于赠与关系中赠与财产的实际转移。在众筹款项发生剩余时,从求助者的利益出发,如果剩余款项归属于求助者,有利的方面在于帮助求助者摆脱一时的危急贫困状态。但这种选择对求助者的道德要求较高,一旦求助者获得剩余款项所有权,实际上是增加了求助者恣意的风险。从捐赠人的利益出发,其无偿捐赠财产的行为之目的很明确,就是帮助求助者解决其发起众筹时申明的具体困难。当众筹事由灭失,众筹款项剩余,此时捐赠人的目的已经达到,剩余财产不再用于捐赠人无偿赠与的初衷,此时如果将剩余款项归属于求助者任其自由支配,是否构成对捐赠人利益的损害?实践中,捐赠人在无偿捐出自己财产的一刻并没有期待返还,而且众筹本身的特点就是小额、大众。私益救助型众筹的捐赠人大多捐赠数额较小,应该说在其作出捐赠行为之前,私益救助型众筹的捐赠人已经做好了捐赠款“有去无回”的准备。但从社会公共利益的角度出发,如果允许私益救助型众筹的剩余款项归属于求助者,那么一旦发生求助者恣意的情形且被公众知晓,则会严重损害公众对于私益救助型众筹的信任。毕竟,私益救助型众筹是民间互济互助这种善良风俗在网络时代的延伸,这种善举的普遍发生有赖于诚信的建立。一旦诚信缺失(诸如前文所述夫妻众筹救女后晒出国旅游照事件)则会大大降低公众参与此类众筹的热情,最终的结果是越来越少的人愿意通过这种方式奉献自己的爱心，这就使后续的求助者无法再通过私益救助型众筹获得帮助，那么此类众筹的存在也就失去了原本作为社会保障体系和商业保险之有益补充的作用。换言之，于私益而言，即使捐赠人并无授权，私益救助型众筹剩余款项归属于求助者一方并未损害捐赠人利益。但于公益而言，此种做法不利于私益救助型众筹这种带有广义慈善性质的网络互助活动的持续良性发展。

第二种观点是，剩余款项返还给捐赠人。在私益救助型众筹款项发生剩余时，从求助者利益角度出发，将剩余款项返还给捐赠人，并不构成对求助者利益的减损，因为求助者发起众筹的事由已经灭失，此时的剩余款项对于求助者来说是额外获得的利益。从捐赠人的利益出发，将剩余款项返还给捐赠人确实很好地保护了捐赠人利益，因为众筹事由灭失则捐赠人赠与目的已经实现或无法实现，则剩余财产返还无可厚非（或可理解为“捐赠事由嗣后不存在，则剩余财产的来源即丧失了法律上的基础，发生给付型不当得利”〔1〕）。从社会公共利益出发，将私益救助型众筹的剩余款项返还捐赠人，虽不直接导致对社会公共利益的减损，但这种选择也并不能增加社会公共利益。从众筹平台的利益出发，将私益救助型众筹的剩余款项按比例返还给捐赠人，实际操作较为复杂，需要付出一定成本，这对于众筹平台来说是一件不经济的事情。

第三种观点是，私益救助型众筹的剩余款项可以交给慈善组织或者成立一项基金，由中立的第三方来进行专门管理。从求助者利益出发，这种选择不构成对求助者利益的减损。从捐赠人利益出发，只要捐赠人同意，这种选择对捐赠人的利益也无害。从社

---

〔1〕 张曜天：《社会募捐剩余财产归属研究》，山东科技大学2018年硕士学位论文，第12页。

会公共利益出发,这种选择必然可以增进社会公共利益,将剩余款项充分利用,去帮助其他社会困难群体。简言之,此种方案对于私益救助型众筹中各方利益以及社会公共利益都有所助益。

(二)剩余款项返还及合理使用

作为慈善事业和社会保障体系的有益补充,私益救助型众筹剩余款项的处理方式直接关系到捐赠人的善心是否被充分保护和尊重,此类众筹能否实现其社会价值,进而也关系到私益救助型众筹能够真正进入良性发展的轨道。根据上述分析,当私益救助型众筹的事由灭失,剩余财产的归属及合理使用问题应该区分不同情况而定。

在对私益救助型众筹剩余款项归属问题进行利益衡量的过程中,应当充分考量法的基本价值,即自由、秩序、正义和效率。从自由的角度出发,私益救助型众筹作为一种民事法律行为,首先要遵从当事人双方的约定,即双方自由的意思表示。如果私益救助型众筹平台在用户协议中明确约定了剩余款项原路返还的内容,则表示捐赠人无偿赠与自己财产的行为只是针对某一个人的特定事项,并不具有普遍的慈善意图。那么在这种特定目的业已实现或者无法实现的情形发生时,则应依照上述用户协议将此剩余款项按比例返还给捐赠人,即私益救助型众筹的捐赠人享有该剩余款项的返还请求权,这种尊重捐赠人意图的做法符合法律中当事人意思表示自由的基本价值。同时,依据前文论述,在用户协议中明确约定了剩余款项返还的内容,也可以归为附解除条件的赠与合同。"剩余款项"条件成就,则合同自动解除,捐赠人可请求返还。而在目前的实践中,私益救助型众筹平台的用户协议中均无此类约定。在无约定的情况下,应当从秩序和正义的基本价值出发考虑私益救助型众筹剩余款项的归属。社会公共利益是利益衡量的支点和根基。在私益救助型众筹的捐赠人并未明确表示要求返还剩余款项时,考虑到让众筹款项实现最普遍的社会价值,可以参考利用公益信托中的近似原则来处理剩余款项,即将剩余款项返还至平台,由平台交给慈善组织或成立一个基金会来统一管理,将此款项用于与捐赠人参与的私益救助型众筹具有类似慈善目的的活动。比如,大病众筹的剩余款项应用于救助同样身患重病无钱医治的公民个人。

从自由、秩序、正义的基本价值出发,上述方案是合理的。但法律作为一种社会规则,尤其是与公民个人利益和经济发展普遍密切相关的规则还必须要考虑到效率这个至关重要的因素。诚如前所述,如果将私益救助型众筹的剩余款项按比例返还给捐赠人,实际操作较为复杂,需要付出一定成本。因为众筹就是小额、大众的一种筹资方式,人数众多且捐赠数额大多较小,如果将剩余款项按比例返还,可能返还的成本还要高于小额捐赠按比例返还的剩余数额。所以,从效率的角度出发,这种方式对于私益救助型众筹平台来说显然是增加其成本的不经济选项。

因此,在综合考量自由、秩序、正义和效率的基础上,私益救助型众筹剩余款项的归属及合理使用应同时坚持经济价值和社会价值的统一。故笔者认为在私益救助型众筹的事由灭失时,将剩余款项返还给众筹平台作后续处理是一种妥当的制度安排。而剩余款项返还给众筹平台之后的处理,应当在尊重求助方意愿的基础上,结合利益衡量作出两种选择:第一种是当剩余款项数额较大时,众筹平台应按照捐赠比例将剩余款项退还给捐赠人(实践中出现过这样的案例 2018 年 4 月,安徽姑娘张蕊因身患绝症,其母在水滴筹发起网络筹款,共募集 50 万元医疗费。但张蕊于 6 月医治无效身亡,众筹款项还剩余 43 万元,其母亲主动将款项退回到水滴筹平台,后水滴筹将款项按比例退回到捐赠人账户[1]);第二种是当剩余款项数额较小时,将剩余款项交由慈善组织或成立基金会来进行管理,参照慈善相近原则将剩余款项用于帮助其他有近似需求的困难群体,是在不减损求助者、捐赠人乃至众筹平台任何一方利益的同时,能够最大程度增进社会公共利益的一种合理安排。

本章小结

私益救助型众筹中,因众筹事由灭失经常出现众筹款项剩余。对于剩余款项归属问题,学界存在剩余款项归属求助者、剩余款项返还捐赠人、剩余款项交由第三方管理三种不同观点。私益救助型众筹的剩余款项归属问题具有特异性。一般赠与合同中,剩余款项归属于受赠人;慈善捐赠中,剩余款项由慈善组织按照慈善相近原则来支配;私益募捐中,剩余款项或归属于募集人,或归属于受赠人。而私益救助型众筹剩余款项归属不同于上述三者,因此不能借鉴上述三种做法。私益救助型众筹剩余款项的归属问题,须在利益衡量的基础上对上述三种观点进行比较分析,进而作出判断。在综合考量自由、秩序、正义和效率的基础上,笔者认为在私益救助型众筹的事由灭失时,将剩余款项返还给众筹平台作后续处理最为妥当。剩余款项是否返还捐赠人应尊重求助者和捐赠人意愿。若无须返还,则由平台将其交由慈善组织或成立基金会管理,并参照慈善相近原则用于其他有近似困难的群体;若剩余款项按比例返还,则还须考虑剩余数额较少时的返还成本问题。

---

〔1〕 参见陈勇、杨志敏:《4天筹善款50万,女儿病逝后贫困母亲退回43万》,载百家号"央视网"2018年8月3日,https://baijiahao.baidu.com/s?id=1607768142068815794&wfr=spider&for=pc。

第六章　私益救助型众筹中的民事欺诈

第一节　私益救助型众筹中民事欺诈的构成

一、实践中的欺诈类型

(一)虚假众筹行为的表现形式

在私益救助型众筹活动中,时常出现虚假众筹行为,或称私益救助型众筹中的欺诈行为。所谓欺诈行为,是指用虚构事实或隐瞒真相的方法使行为相对人做出错误意思表示的行为。以此为判断基础,虚假众筹行为可大致分为五种类型。

一是伪造或夸大自身众筹事由。私益救助型众筹中伪造众筹资料的情况很容易出现。主要表现为伪造病历、诊断证明或学费单据、低保证明等与众筹事由密切相关的资料。前文提到,私益救助型众筹的发起人与求助者有同一和分离两种情形。在这种情况中,求助者与发起人同一,其用自己的真实身份进行私益救助型众筹,但其众筹事由是伪造的,通过这种方式获得众筹利益属于一种欺诈行为。比如,在大病众筹案例中,有人用剃光头发的照片来伪造称自己得了癌症,正在化疗,因此需要众筹治疗费。夸大自身众筹事由的情况在私益救助型众筹中较为常见。比如,大病众筹中将良性肿瘤夸大为恶性肿瘤,将常见病夸大为罕见病等。与伪造自身众筹事由的情形一样,夸大自身众筹事由的人也是通过众筹活动获得众筹利益的人。在这种情形中,夸大自身众筹事由属于一种虚假陈述行为,其因此获得超出真实情况所需的利益,应属于一种欺诈。

二是伪造或夸大他人众筹事由。私益救助型众筹的发起人与求助者可以同一,但多数时候发起人与求助者是分离的。在绝大多数情况下,私益救助型众筹的求助者都处于极度贫困且重病在身的无力状态,其为自己进行众筹实属不能,此时通常是求助者的亲友作为私益救助型众筹的发起人。在发起人与求助者分离的情况下,发起人存在伪造或夸大求助者众筹事由并因此获得众筹利益的可能。当发起人伪造求助者众筹事由并获得利益时,必然构成欺诈。当发起人夸大求助者众筹事由并因此获得利益时,由于发起人的虚假陈述行为,也构成欺诈。当发起人的上述欺诈行为获得利益时,如果该众筹利益只归属于发起人,则发起人是欺诈行为的实施方,此时捐赠人和求助者都是受害方;如果该众筹利益归属于发起人和求助者共同所有,则二者均属于欺诈行为的实施方。在第二种情况下,如果求助者为限制行为能力人或无民事行为能力人,则可排除其违法责任。

三是隐瞒财产情况。在私益救助型众筹中,求助者(发起人)隐瞒财产的情况比较多见。通常的情况是求助者(发起人)刻意隐瞒家庭收入、家庭资产以及社会保障和商业保险等情况。私益救助型众筹模式的产生和推广,本意是救助身处危难却又没有经济能力解决问题的困难人群。因此,有能力解决自身困难的人群理应选择其他可能的方式进行自救。否则,容易有欺诈的嫌疑。比如,在大病众筹案例中,德云社吴×臣事件[1]和罗×笑事件[2]之所以被公众质疑,就是这两个事件的当事人原本是有经济能力解决自身燃眉之急的,但依然通过私益救助型众筹的方式获得利益。

四是假冒他人进行众筹。不同于第一种类型,假冒他人进行私益救助型众筹的人是通过冒名顶替和编造虚假众筹事由来获取众筹利益的。这种情况是指以实际受害人或者需要帮助的人为对象,开展自称是该人或者是该人的家人、朋友为该人众筹的活动。这种情况中,发起众筹的人实际上与真正需要筹款的人并无联系,只是通过盗取信息的方式,假借一个身份和事实来发起私益救助型众筹,并因此获利。

五是滥用众筹款项。滥用众筹款项这种情况在私益救助型众筹中属于一类突出问题。在这种情况下,通常发起人和求助者的身份是真实的,求助事由也是真实的,但当其众筹成功之后,却没有将众筹款项用于既定的众筹事由。比如,在 2019 年 11 月 6 日北京市朝阳区人民法院宣判的全国首例大病众筹司法判例[3]中,众筹发起人莫先生发起众筹的事由是给得了罕见病的儿子治病,众筹医疗费用 10 余万元。但众筹成功后,莫先生却用该众筹款项给

---

〔1〕 2019 年 4 月,德云社演员吴×臣突发脑出血住院,其妻子在水滴筹平台发起众筹,募捐医疗款项,最终筹得 14 万余元。事后网友发现吴×臣家有房有车,认为其不符合通过私益救助型众筹向他人进行求助的标准。

〔2〕 2016 年 11 月底,一篇题为《罗×笑,你给我站住!》的文章在微信朋友圈被疯狂转发,这篇文章描述了作者罗×的女儿罗×笑身患白血病但缺钱医治的悲情故事,作者直击人心的笔触引发了广大网友的善心,此篇文章获得了微信打赏金 260 余万元。但事后却被网友发现罗尔的家庭财产状况很好,其拥有"三处房子一辆车子",不符合社会救助的标准。此事引得舆论哗然,多数网友指责罗尔"瞒报信息欺骗公众"。

〔3〕 参见刘洋:《隐瞒财产筹钱治病受助者被判还善款》,载百家号"新华网"2019 年 11 月 7 日,https://baijiahao.baidu.com/s?id=1649501195685890048&wfr=spider&for=pc。

自己还债。又如,实践中还出现过因生病无钱医治而发起众筹,最终却将获得的众筹款项用于购买汽车的情况。以上这些滥用众筹款项的情况,都属于欺诈。

(二)侵权的欺诈与违约的欺诈

在民事法律范畴,欺诈行为可分为民事侵权的欺诈和民事违约的欺诈。[1]以此来区分虚假众筹(私益救助型众筹中的欺诈行为),便于厘清各方权利、义务和责任。

上述虚假众筹行为中,伪造或夸大自身众筹事由、伪造或夸大他人众筹事由、隐瞒财产情况以及假冒他人进行众筹均属于用虚构事实或隐瞒真相的方法使捐赠人做出错误的意义表示,即捐赠财产参与众筹。前文论述,私益救助型众筹中,求助者与捐赠人形成赠与合同关系。因此上述行为可以界定为以订立赠与合同为手段,用虚构事实或隐瞒真相的方法骗取捐赠人财物的行为。

侵权行为,一般是指行为人由于过错侵害他人的财产、人身,依法应承担民事责任的行为。合同欺诈行为具备侵权民事责任的主客观要件。从客观要件来看:一是有侵权损害事实。欺诈行为造成被欺诈人人身和财产的不利益,即不良后果和不良状态。从钱财方面看,欺诈行为致使受害人对预期不利的规避由于决策失误而无法实现,或因欺诈而决策失误致使预期利益无法实现或不能全部实现。其本质是损害了受害人动态财产的保值性和增值性。从精神损失来看,欺诈行为致使被欺诈人自由意思表达受到干扰,其结果是被欺诈人人格受到贬低,威信下降,二是欺诈行为具有违法性,即欺诈行为人为了法律不允许为的行为,破坏、干扰

---

〔1〕 参见陈兴良:《民事欺诈与刑事欺诈的界分》,载《法治现代化研究》2019年第5期。

他人意思自由,三是欺诈行为是损害事实发生的原因。因为欺诈行为,才使受害人钱财方面不利益,精神上遭受损害。从主观要件来看:合同欺诈行为的行为人具有主观故意。

因此,在上述私益救助型众筹中的欺骗行为中,伪造或夸大自身众筹事由、伪造或夸大他人众筹事由、隐瞒财产情况以及假冒他人进行众筹均属于侵权的欺诈行为。合同欺诈的侵权责任为返还财产或赔偿损害。对于此种侵权行为,求助者(发起方)应当承担的法律责任为返还财产。因为私益救助型众筹中的上述行为并未侵害到捐赠人捐赠财产以外的其他财产权益和人身权益,所以侵权行为人不需要承担损害赔偿责任。

滥用众筹款项的行为比较特殊。要区分此种行为属于违约还是侵权,首先要界定行为人的主观故意。如果求助者(发起人)在发起众筹之前已经决定将众筹款项用于众筹事由以外的目的,那么众筹本身只是一种求助者(发起人)进行欺骗的手段。此时,虽然众筹事由真实存在,并无虚构和隐瞒,但因求助者(发起人)本身具有非法占有捐赠人财物的目的而可以认定其欺诈行为的主观故意。此时的滥用众筹款项的行为与上述合同欺诈行为性质相同,求助者(发起人)与捐赠人订立赠与合同只是表象,真实目的是骗取财物。而如果求助者(发起人)在发起众筹时并无挪用众筹款项的主观故意,而是在众筹成功之后临时起意滥用众筹款项,那么此时不符合合同欺诈的构成要件,而应界定为一种违约行为。此类行为的违约责任也是返还财产,求助者(发起人)应当返还全部捐赠人财产。

二、虚假众筹行为的定性

鉴于虚假众筹(私益救助型众筹中的欺诈行为)行为的普遍存在已然侵害到捐赠人、求助者乃至社会公众多方利益,有必要在立法规制前对该行为属性从法律角度进行梳理分析确定。

(一)民事欺诈与刑事诈骗的界分

日本著名民法学家我妻荣指出:"一般地,欺诈及强迫发生民刑两法上的效果。刑法努力于惩罚实施欺诈、强迫者,除去社会的危害,民法为受到欺诈、强迫者谋求其正当利益的保护。并且,民法为了这个目的,将欺诈及强迫作为侵权行为,承认由受害者对加害者提起损害赔偿的请求和受害者撤销因欺诈及强迫作出的意思表示脱离其拘束这样两种手段。但是,这种刑法的处罚与民法的损害赔偿及撤销的三个效果,分别有其目的,所以其要件不同。"〔1〕

司法实践中,因为均存在欺骗之因素,所以民事欺诈与刑事诈骗的区分认定并非易事。所谓欺骗,就是通过虚构事实或者隐瞒真相的方式使他人产生错误认识。《最高人民法院关于适用〈中华人民共和国民法典〉总则编若干问题的解释》第 21 条规定:"故意告知虚假情况,或者负有告知义务的人故意隐瞒真实情况,致使当事人基于错误认识作出意思表示的,人民法院可以认定为民法典第一百四十八条、第一百四十九条规定的欺诈。"

根据前文所述,陈兴良教授认为,民事欺诈可以分为违约的欺诈和侵权的欺诈两种。二者的区分在于,前者以导致被害人的错误意思表示为最终构成要件,而后者则以被害人的实际损失为准。与之对应的刑事欺诈也分为两种:一种是以虚假陈述为构成要件的刑事欺诈犯罪;另一种是以欺骗行为为构成要件的刑事诈骗犯罪。刑事欺诈犯罪与违约的民事欺诈行为类似,二者的区分在于

---

〔1〕 [日]我妻荣:《我妻荣民法讲义Ⅰ:新订民法总则》,于敏译,中国法制出版社2008 年版,第 288 页。

刑法中的罪刑法定原则,即刑事法律中有特别规定的,同时根据数额和情节的轻重来区分刑事欺诈犯罪和民事欺诈。相较于前者,实践中刑事诈骗罪与侵权的民事欺诈更为复杂和困难。为了严格区分罪与非罪,陈兴良教授给出了三个区分标准,即欺骗内容、欺骗程度与非法占有目的。从欺骗内容来看,民事欺诈是对个别事实或局部事实的欺骗,而诈骗罪是整体事实或全部事实的欺骗。从欺骗程度来看,诈骗罪的欺骗是达到了控制交易结果的程度,因而被害人是无对价地交付财物;而民事欺诈的欺骗则是在交易真实的前提下的欺诈,尽管被害人遭受财产损失,但这是因为被欺诈而造成的财产损失。从非法占有目的来看,民事欺诈并无非法占有目的,而刑事诈骗有明确的非法占有目的。[1]

笔者认同上述观点,下面就根据上述观点,对虚假众筹行为(私益救助型众筹中的欺诈行为)的属性为民事欺诈抑或刑事诈骗进行分析。

根据前文论述,虚假众筹行为(私益救助型众筹中的欺诈行为)可以分为五种表现形式。且参照陈兴良教授的观点,要区分这五种行为是民事欺诈还是刑事诈骗,在罪刑法定原则的基础上,应依据三个标准:一是按照虚假众筹行为的内容,即发起私益救助型众筹过程中是否虚构全部事实来区分;二是虚假众筹的欺骗程度,即行为人采用的欺骗手段是否达到使他人(捐赠人)产生错误认识并无对价交付财物的程度;三是从虚假众筹行为的具体情况来判定其是否具有非法占有目的。与此同时,区分民事欺诈与刑事诈骗还必须要考虑到民事法律规范与刑事法律规范的不同价值取向。民事法律规范意在规范平等主体之间的人身、财产关系,在平

---

〔1〕 参见陈兴良:《民事欺诈和刑事欺诈的界分》,载《法治现代化研究》2019年第5期。

衡各方利益的前提下最终实现社会价值最大化;而刑事法律规范的目的在于惩戒对他人和社会利益造成严重损害后果的行为,从而保障整体社会秩序的和谐稳定。在此意义上考量虚假众筹行为(私益救助型众筹中的欺诈行为)是属于民事欺诈还是刑事诈骗,笔者认为必须审慎,即只有同时具备上述三个条件,才能认定诈骗犯罪,否则为民事欺诈。因为私益救助型众筹作为社会保障体系与慈善事业的有益补充,这种新兴的网络互助方式值得鼓励,过于严苛的法律规范容易将这种新业态扼杀于萌芽,不利于实现社会利益的最大化。在此基础上,对虚假众筹行为(私益救助型众筹中的欺诈行为)各表现形式的行为属性进行逐一分析:

第一种表现形式,伪造或夸大自身众筹事由的欺诈行为。从虚假众筹行为内容来看,众筹发起人也就是求助者使用自己的真实身份发起众筹,但众筹事由是虚构的,这种情况属于虚构个别事实(局部事实);从该行为的欺骗程度来看,其伪造或夸大自身众筹事由的欺骗方法确实让捐赠人信以为真,并在这种错误认识的基础上做出了无对价交付财物的行为;此种虚假众筹行为中,行为人发起该众筹显然是以非法占有为目的,并无真正履行合同目的的行为。综上分析,私益救助型众筹中伪造或夸大自身众筹事由的欺诈行为应属于民事欺诈。

第二种表现形式,伪造或夸大他人众筹事由的欺诈行为。此种情况下,发起人通常是求助者的亲友。从虚假众筹行为内容看,无论是伪造还是夸大他人众筹事由,该求助者的身份是真实的,因此发起人只是虚构了个别事实(局部事实)。从该行为的欺骗程度看,一旦众筹成功,这种伪造或夸大他人众筹事由的行为即使得捐赠人无偿捐赠其财产给发起人。在这种情况下,如果是伪造他人众筹事由,则发起人非法占有目的明确。如果是夸大他人众筹事由的情况,则发起人的非法占有目的需要考察具体情况:如果发起人将众筹款项用于求助者的真实众筹事由，则不具有非法占有目的。如果发起人将众筹款项据为己有或者与求助者合谋占有，此时其非法占有目的明确。综上分析，私益救助型众筹中伪造或夸大他人众筹事由的虚假众筹行为应属于民事欺诈。

第三种表现形式，隐瞒财产情况的虚假众筹行为。私益救助型众筹的本意是救助那些身处困境且“走投无路”的困难人士，有经济能力解决自身困难的人群当然不在此列。因此从虚假众筹行为的内容来看，在隐瞒财产这种情形中，发起人或求助者发起众筹的事由是真实存在的，其只是隐瞒了自己的真实财产情况，因此属于虚构个别事实（局部事实）的一种欺骗行为；从该行为的欺骗程度看，行为人隐瞒真实财产情况确实会对捐赠人的认知产生误导，致使其无偿捐赠自己的财产；但通常在隐瞒财产情况的私益救助型众筹中，发起人或求助者实际上会将众筹款项用于众筹事由，属于实际履行了附目的赠与合同，因此可以排除其具有非法占有目的。综上分析，私益救助型众筹中隐瞒财产情况的欺诈行为属于民事欺诈。

第四种表现形式，假冒他人进行众筹的虚假众筹行为。从虚假众筹行为内容来看，这种通过冒名顶替和编造虚假众筹事由来获取众筹利益的行为属于《刑法》第 224 条列举的“以虚构的单位或者冒用他人名义签订合同”的情况，属于一种整体事实的欺骗；从欺骗程度来看，这种情况下的虚假众筹足以使捐赠人产生错误认识从而无对价交付财产；从主观恶性来看，此种情况的众筹发起人的非法占有目的非常明确。此种情况下，在欺诈获利数额达到刑事立案标准的条件下，可认定为刑事诈骗。

第五种表现形式，滥用众筹款项的虚假众筹行为。这种行为的定性较为困难。因为从虚假众筹行为内容来看，发起人或求助者发起众筹的事由真实存在，并未编造整体或个别事实。从该行为的欺骗程度看,其发起众筹的行为本身并未误导捐赠人。这种情况下,发起众筹是真实的意思表示,捐赠人据此无偿赠与财产的行为也是真实的意思表示。滥用众筹款项的行为到底是早有预谋还是临时起意,实践中非法占有之目的很难判断。笔者认为,在有证据证明求助者(发起人)滥用众筹款项是早有预谋的情况下,此种行为构成民事欺诈;而在没有证据证明求助者(发起人)早有预谋的情况下,私益救助型众筹成功后求助人(发起人)滥用众筹款项的行为应当属于附目的赠与合同的违约行为。

(二)无效民事行为与可撤销民事行为

根据我国民法理论,无效民事行为是指自始、当然、确定不发生效力的民事行为。无效民事行为从开始时就不具有法律效力,这种行为通常是行为人不具有相应的民事行为能力,或违反当事人意思自治,或违反法律法规的强制性规定,或违反公序良俗,或损害社会公共利益等。[1]无效民事行为因为存在自始无效的事由,故虽事后经当事人确认也仍然属于无效民事行为。被确认无效的民事行为,其法律后果主要是返还财产和赔偿损失。根据2021年1月1日起实施的《民法典》第148条的规定:"一方以欺诈手段,使对方在违背真实意思的情况下实施的民事法律行为,受欺诈方有权请求人民法院或者仲裁机构予以撤销。"由此可见《民法典》将无效民事行为进行了具体的规定,欺诈行为即在此列。民法中的欺诈的构成要件一般包括四项:一是行为人须有欺诈的故意;二是行为人须有欺诈的行为;三是受欺诈人因行为人的欺诈行为陷入错

〔1〕 参见《民法典》第143条规定:"具备下列条件的民事法律行为有效:(一)行为人具有相应的民事行为能力;(二)意思表示真实;(三)不违反法律、行政法规的强制性规定,不违背公序良俗。"

误判断;四是受欺诈人基于错误判断作出意思表示。且须注意的是,欺诈的构成并不需要受欺诈人客观上遭受损害后果的事实,只要受欺诈人因该行为做出了实施民事法律行为的意思表示,即可成立欺诈。根据《民法典》规定,欺诈行为的法律后果为可撤销,享有撤销权的是受欺诈人。[1]

在《民法典》制定实施之前,学界对于因欺诈而订立的合同属于可撤销民事行为还是无效民事行为一直都存在争议。原《民法通则》第58条第1款第3项规定,一方当事人以欺诈的手段或者乘人之危,使对方在违背真实意思的情况下所为的行为为无效民事行为。但原《合同法》(1999年10月1日起施行,2021年1月1日废止。)第52条第1项规定,一方以欺诈、胁迫手段订立的合同,只有损害国家利益的才为无效合同。上述两条规则冲突被认为是欺诈行为属性有争议的重要原因。对此,王利明教授早在1997年就撰文讨论过,王教授认为将因欺诈而订立的合同界定为可撤销民事行为更有利于保护意思自治,同时也能够保护善意第三人,有利于鼓励交易,提高效率。[2] 认同此观点的学者颇多。有学者指出:如果仅仅违反了意思表示的真实性原则,受害方可以自愿选择是请求撤销,还是请求变更,抑或对法律行为予以“容忍”。公权力对此不必干预,因为它是法律行为主体的私权利,应当由受害方自行决定。也就是说,这样的处理更有利于保护法律行为主体的权利。[3] 同时,把欺诈、胁迫的民事行为规定为无效民事行为,反映了立法者对欺诈、胁迫这类恶意行为的愤慨,其追求的价值目标,

〔1〕 参见中国法制出版社编:《中华人民共和国民法典(实用版)》,中国法制出版社2020年版,第118页。

〔2〕 参见王利明:《无效抑或撤销——对因欺诈而订立的合同的再思考》,载《法学研究》1997年第2期。

〔3〕 参见谢怀栻等:《合同法原理》,法律出版社2004年版,第116页。

是企图通过无效规定制裁欺诈、胁迫者，以制止此类行为的发生。而把欺诈、胁迫的民事行为规定为可撤销的民事行为，立法者所选择的价值目标则是保护受害者。因为规定可以撤销，可以让受害者根据维护其利益的需要在撤销、变更和任其有效之间加以选择。在一定情况下，即使受害者选择任其有效也是符合其利益的。通过对这两种立法例的不同价值取向的分析，我们有理由认为，规定欺诈、胁迫的民事行为可以撤销是可取的；而把欺诈、胁迫的民事行为规定为绝对无效的民事行为，则有以道义上的愤慨代替对事物冷静分析之嫌，并不符合实际。[1]笔者同意上述观点，同时根据《民法典》之相关规定，私益救助型众筹中的民事欺诈行为应属于可撤销民事法律行为。

既然如此，则须讨论一下私益救助型众筹中捐赠人撤销权的行使问题。一是捐赠人的任意撤销权。根据《民法典》第658条第1款规定："赠与人在赠与财产的权利转移之前可以撤销赠与。"在私益救助型众筹中，众筹期限一般为30天。在这段期间，捐赠人的赠与财产仍然停留在众筹平台的微信账户，即赠与财产并未发生权利转移（求助方提现之时才属于赠与财产的权利转移）。需要注意的是，诸如水滴筹平台"边筹边取"的提款模式并不影响赠与财产权利转移时间的界定，即求助方每一次提现均发生一次财产权利的转移。因此，如果在众筹成功之前这段期间，捐赠人发现求助方存在告知虚假情况或隐瞒真实情况等欺诈行为，捐赠人可以行使其赠与的任意撤销权。二是捐赠人的法定撤销情形。根据《民法典》第663条的规定，赠与人撤销赠与的情形包括受赠人严重侵害赠与人的合法权益以及不履行赠与合同约定的义务。根据前文论述，伪造或夸大自身众筹事由、伪造或夸大他人众筹事由、

---

〔1〕 参见李开国：《民法总则研究》，法律出版社2003年版，第280～281页。

隐瞒真实财产情况、冒名顶替他人发起众筹的情形,均属于侵害捐赠人合法权益的行为。而滥用众筹款项的行为可一分为二,如果是早有预谋,则属于隐瞒真实情况的范畴,侵害捐赠人合法权益。如果是临时起意,则属于不履行合同约定义务的行为。因此,私益救助型众筹中的民事欺诈发生后,捐赠人享有法定的赠与撤销权。三是捐赠人撤销权的除斥期间。《民法典》第 152 条规定了撤销权的消灭条件。根据该条规定,撤销权的除斥期间为"原则上应当在权利人知道或应当知道撤销事由之日起 1 年内行使撤销权。但自民事法律行为发生之日起,5 年内没有行使的,撤销权消灭"[1]。四是捐赠人撤销赠与的效力。《民法典》第 665 条规定:"撤销权人撤销赠与的,可以向受赠人请求返还赠与的财产。"因此,私益救助型众筹发生民事欺诈时,捐赠人有权提起诉讼,要求求助方返还众筹款项。

第二节　私益救助型众筹中民事欺诈之诉讼类型

私益救助型众筹在当前发展过程中时常出现虚假众筹行为,严重损害捐赠人利益。因此,当捐赠人发现自己所参与的私益救助型众筹发生民事欺诈时,为保护自身合法财产权益,诉讼当然是维权的重要选择。但私益救助型众筹因小额、大众的特征,而导致捐赠人维权较单一诉讼在司法实践中更为复杂。因此,本节讨论的重点在于:人数众多的私益救助型众筹捐赠人维权,适用何种诉讼类型,才能最终实现在保护捐赠人利益的同时又兼顾司法效率。

---

〔1〕 中国法制出版社编:《中华人民共和国民法典(实用版)》,中国法制出版社 2020 年版,第 123 页。

一、多人诉讼类型的选择适用

私益救助型众筹具有小额、大众的特征。在私益救助型众筹发生民事欺诈时,遭受利益侵害的众多捐赠人可以选择多人诉讼的方式来维护自身权益。

(一)共同诉讼

当事人一方或双方为两人以上,属于共同诉讼。根据民事诉讼原理,原告为两人以上的共同诉讼被称为积极的共同诉讼,私益救助型众筹中民事欺诈之诉当属此类。《民事诉讼法》第 55 条第 1 款规定:“当事人一方或者双方为二人以上,其诉讼标的是共同的,或者诉讼标的是同一种类、人民法院认为可以合并审理并经当事人同意的,为共同诉讼。”据此规定,我国通说将共同诉讼一分为二:一是必要共同诉讼,二是普通共同诉讼。必要共同诉讼,又称不可分之诉,是指当事人必须共同起诉或共同应诉,人民法院必须将其合并进行审理和裁判的共同诉讼,其特征是诉讼标的具有共同性;普通共同诉讼又称可分之诉,是指人民法院可以将其合并审判也可将其分开审判的共同诉讼,其特征为诉讼标的具有同种类性。[1]私益救助型众筹中民事欺诈之诉可选择必要共同诉讼,首先所有众筹款项最终都捐给被告,虽然每个人捐的款项不同,但仍然属于同一标的;其次,此类诉讼必须合并审理:一是节约诉讼成本;二是防止矛盾判决。

(二)代表人诉讼

代表人诉讼,又称集团诉讼,是共同诉讼的一种特殊形式。集

---

〔1〕 参见汤维建:《论类似必要共同诉讼的制度性导入》,载《中国政法大学学报》2022 年第 1 期。

团诉讼也被称为集体诉讼，由一个人或多个人代表所有具有相同利益的人起诉，法院的判决适用于所有人。在民事诉讼中，集团诉讼是指解决集体性冲突的诉讼机制，可以在当事人人数众多的情况下采取集体行动。团体推选出代表人，并与参加登记的权利人统一意见，或者由有关行政单位的负责人作为代表。推选出的代表人的诉讼行为对所有成员都具有效力。法院的判决不仅对参与诉讼程序的小组成员有约束力，而且还对不参与诉讼程序的小组成员也有约束力。[1] 此种诉讼可以避免在同类问题上作出相矛盾的判决，保护处于相同情况的众多受害人的权益。

近年来，环境污染、食品安全、产品瑕疵、消费者权益领域的问题频繁发生，同类权益受损人数众多且较为分散，甚至跨地区的情况时有发生。在这种情况下，不仅众多当事人出庭会给开庭审理和制作裁判文书等工作带来极大困难，而且容易造成重复诉讼和判决相互矛盾的后果。为了保护被侵害之法益相同的众多受害人的合法权益，同时兼顾便于诉讼和便于审理，民事诉讼法规定了代表人诉讼制度。关于代表人诉讼，我国现行《民事诉讼法》第 56 条和第 57 条进行了详尽的规定。[2]

---

〔1〕 参见史琳寒：《论集团诉讼制度》，载《河北农机》2021 年第 4 期。

〔2〕 参见《民事诉讼法》第 56 条规定："当事人一方人数众多的共同诉讼，可以由当事人推选代表人进行诉讼。代表人的诉讼行为对其所代表的当事人发生效力，但代表人变更、放弃诉讼请求或者承认对方当事人的诉讼请求，进行和解，必须经被代表的当事人同意。"该法第 57 条规定："诉讼标的是同一种类、当事人一方人数众多在起诉时人数尚未确定的，人民法院可以发出公告，说明案件情况和诉讼请求，通知权利人在一定期间向人民法院登记。向人民法院登记的权利人可以推选代表人进行诉讼；推选不出代表人的，人民法院可以与参加登记的权利人商定代表人。代表人的诉讼行为对其所代表的当事人发生效力，但代表人变更、放弃诉讼请求或者承认对方当事人的诉讼请求，进行和解，必须经被代表的当事人同意。人民法院作出的判决、裁定，对参加登记的全体权利人发生效力。未参加登记的权利人在诉讼时效期间提起诉讼的，适用该判决、裁定。"

私益救助型众筹中一旦发生民事欺诈，由于此类众筹的捐赠人人数众多，且较为分散，则财产权益被侵害的众多捐赠人可以选择代表人诉讼的方式来维护自身合法权益。

（三）公益诉讼

公益诉讼，是利益不相关者为维护公共利益而提起的诉讼。我国现行《民事诉讼法》第55条规定了对污染环境、侵害众多消费者合法权益等损害社会公共利益的行为可以进行公益诉讼。公益诉讼的原告主体是“法律规定的机关和有关组织”，2017年修订《民事诉讼法》时还引入了检察机关作为公益诉讼原告主体。

私益救助型众筹中民事欺诈之诉能否适用公益诉讼？这个问题的核心在于，私益救助型众筹中民事欺诈行为是否侵害了公共利益。笔者认为，私益救助型众筹活动本身具有增进社会公共利益的功能，但并不代表在此类活动中发生民事欺诈行为时损害了公共利益。由于互联网技术的发展，在每个具体的私益救助型众筹活动中，所有捐赠人构成了一个特定的群体，这个群体中的每个人是可以被追溯到的，并不是不特定的多数人。因此这个特定群体的财产权益受到侵害，并不属于损害公共利益的范畴。所以，尽管私益救助型众筹中民事欺诈会造成为数众多的捐赠人利益受损，但此类民事欺诈之诉依然不适用公益诉讼。

综上所述，对于捐赠人数众多的私益救助型众筹来说，一旦发生民事欺诈行为，捐赠人可以选择共同诉讼，也可以选择代表人诉讼进行救济。但这两种多人诉讼相较于私益救助型众筹平台代为诉讼来说，成本较高，效率偏低。这也是实践中目前尚未发生私益救助型众筹民事欺诈多人诉讼的根本原因。

二、众筹平台代为起诉的可行性

（一）众筹平台代为起诉的合理性辨析

即使私益救助型众筹的众多捐赠人选择了共同诉讼或是代表人诉讼，最终判决结果（众筹款项的返还）还是需要经由众筹平台来操作执行。因此，从兼顾公平和效率的角度出发，由私益救助型众筹平台作为诉讼代表人提起此类民事欺诈之诉更为合理。

根据前文论述，基于负外部性理论，私益救助型众筹平台应该承担更多的责任来避免、抑制和纠正众筹平台负外部性的产生。因为，负外部性是指经济主体在行使权利时，权利义务不对等以至于利益失衡。〔1〕通过立法规制来确定权利、义务、责任，是抑制负外部性发生的有效方式。"如法律赋予受害的一方有起诉制造外部性的一方面的权利，如果起诉成功受害者可以得到与他受到的伤害相等的货币补偿，则通过法律制度的形式就消除了外部性，潜在的法律诉讼会导致有效率的结果。"〔2〕因此，除了必要的求助者信息审查和所筹款项合理使用之监管责任之外，在私益救助型众筹发生民事欺诈时，通过立法赋予众筹平台代为起诉的权利，也可以起到抑制负外部性的作用。此处众筹平台的诉权亦可理解为一种义务和责任，即在捐赠人众多难以共同起诉的情况下，众筹平台基于其从私益救助型众筹项目引流至健康保险而获利的利益平衡角度，须为众多捐赠人的利益承担起代为起诉之责。

笔者在前面章节论述过私益救助型众筹中各主体之间的法律

---

〔1〕 参见胡元聪、廖娟：《人工智能的负外部性及其经济法规制》，载《大连理工大学学报（社会科学版）》2020 年第 3 期。

〔2〕 何立胜、杨志强：《内部性 · 外部性 · 政府规制》，载《经济评论》2006 年第 1 期。

关系。显然,捐赠人和求助者之间构成赠与关系。在众筹款项已经转至求助者(或发起人)账户时,因财产的转移而使捐赠人赠与撤销权丧失。此时,如果发现私益救助型众筹发起方存在欺诈行为,则捐赠人应然拥有对众筹发起方提起诉讼的权利。

我国现行法律法规并未明确规定个人求助信息平台须负有以原告身份向违反法律或者约定的筹款人提起诉讼的义务。[1] 但司法实践中却将诉权赋予了私益救助型众筹平台。2019 年 11 月 6 日,北京市朝阳区人民法院宣判了全国首例因个人大病众筹引发的纠纷。[2] 此案中,被告莫先生因儿子患有罕见病而在水滴筹平台发起众筹,仅半天时间就筹集到爱心善款 15 万余元。众筹结束后,水滴筹平台将全部款项转至莫先生账户。此后不久,莫先生儿子不幸离世。之后,莫先生妻子许女士向北京水滴互保科技有限公司举报莫先生在本次众筹当中故意隐瞒了其财产情况和获得其他社会救助的情况,且许女士称本次众筹款项基本没用。因此,北京水滴互保科技有限公司联系莫先生要求其限期退还全部款项。莫先生未如期退还,北京水滴互保科技有限公司因此诉至北京市朝阳区人民法院,要求莫先生返还全部众筹款项及利息。

在这起案件中,北京市朝阳区人民法院受理此案即证明司法实践中已经承认了私益救助型众筹平台在此类民事欺诈案件中拥有诉权。但北京水滴互保科技有限公司代为起诉之权利因何而

---

〔1〕 参见《金锦萍再评水滴筹事件:为何个人求助信息平台更应选非营利机制?》,载百家号“南都观察”2019 年 12 月 20 日,https://baijiahao.baidu.com/s?id=1653431862415324471&wfr=spider&for=pc。

〔2〕 参见王亦君、耿学清:《全国首例网络个人大病求助纠纷一审宣判》,载人民网 2019 年 11 月 7 日,http://it.people.com.cn/n1/2019/1107/c1009-31441957.html。

来,值得探讨。

(二)众筹平台代为起诉的正当性辨析

在上述判例中,根据水滴筹个人求助信息发布条款(以下简称信息发布条款)中关于"当发起人有虚假、伪造和隐瞒行为、求助人获得资助款后放弃治疗或存在挪用、盗用、骗用等行为时,水滴筹平台有权要求发起人返还筹集款项",法院支持北京水滴互保科技有限公司要求莫先生返还众筹款的诉讼请求。该信息发布条款在我国现行法治框架下可以理解为求助者(发起人)与众筹平台双方之间签订的一种协议,因而一旦发起众筹则证明求助者(发起人)同意信息发布条款中所有内容,即合同成立。如果求助者(发起人)出现违约事宜,众筹平台可依据该信息发布条款要求对方(求助者或发起人)承担相应责任。

但问题的核心在于,众筹平台在发现求助者(发起人)的虚假欺诈行为时,能否拥有代替捐赠人追索其财产的权利?因为赠与关系实际发生在捐赠人和求助者(发起人)之间,众筹平台只是起到信息资金传递媒介的作用。如果仅是中立的传播媒介,那么众筹平台则无诉权。因为,尽管求助者(发起人)确有虚假欺诈行为,但其侵害的是捐赠人的财产权益,而非众筹平台的利益。但如果捐赠人委托授权,则众筹平台可以代为诉讼。而实践中,捐赠人并无对运营私益救助型众筹项目之平台的委托授权。因此,笔者认为,在上述北京市朝阳区人民法院的首例网络个人大病众筹纠纷判例中,北京水滴互保科技有限公司的诉权来源应该属于一种法律推定的委托。因为法院指出:针对莫先生返还的众筹款项,北京水滴互保科技有限公司应根据用户协议和信息发布条款,按照比例返还捐赠人。[1]在北京水滴互保科技有限公司代替众多捐赠人行使诉权,将善款追回之后,善款依然归属于捐赠人,除非捐赠人明确表示同意转赠他人。

通过法律推定的方式赋予众筹平台代为起诉的权利当然可行,但此种方式仅适用于个案。只有推而广之,通过立法来真正赋予私益救助型众筹平台代为起诉之权利,才是在发生私益救助型众筹民事欺诈时捐赠人权利获得救济的正当途径。

第三节　私益救助型众筹中民事欺诈的平台责任

一、避风港原则与互联网平台责任

(一)避风港原则的产生与适用

避风港原则,最初是 1998 年美国 Digital Millennium Copyright Act(《数字千年版权法案》以下简称 DMCA 法案)确立的一项原则。该法案中规定,在发生著作权侵权案件时,当网络服务提供商(ISP)只提供空间服务,并不制作网页内容时,如果网络服务提供商被告知侵权,则有删除的义务,否则就被视为侵权。如果侵权内容既不在网络服务提供商的服务器上存储,又没有被告知哪些内容应该删除,则网络服务提供商不承担侵权责任。因此,避风港原则最早适用于网络著作权侵权领域。后来由于网络中介服务商没

[1] 参见王亦君、耿学清:《全国首例网络个人大病求助纠纷一审宣判》,载人民网 2019 年 11 月 7 日,http://it. people. com. cn/n1/2019/1107/ c1009 - 31441957. html。

有能力进行事先内容审查,一般事先对侵权信息的存在不知情。所以,采取"通知 + 移除"规则,是对网络中介服务商间接侵权责任的限制。有学者认为,在信息网络传播侵权案件中,避风港原则往往是网络服务提供商主张免责的重要理由。[1]

避风港原则沿用了互联网自由主义学说中政府规制逻辑遵循商业逻辑的网络平台责任治理政策取向,体现了互联网产生初期鼓励互联网行业创新发展的轻度规制理念。避风港原则确立清晰并且有限的网络服务商连带侵权责任范围,可以避免法律归责的不确定性造成的法律风险和一般内容审查义务对技术创新和言论自由造成的负担,保护互联网平台主体的商业自由。通过适当免除互联网平台作为信息中介的责任,避风港原则给予平台型互联网企业更广阔的发展空间。2000 年,欧盟出台《电子商务指令》,其中第 12 条"纯粹传输服务"中也确立了避风港原则,即在网络中间服务提供者"不是先行传输的一方,且对传输的接受者不做选择,以及对传输的信息不做选择和更改"的前提下,《电子商务指令》规定成员国应当确保服务提供者不对所传输的信息承担责任。我国对于避风港原则的立法吸收最早体现在 2006 年颁布实施的《信息网络传播权保护条例》[2]当中。该条例中的第 14 条和第 15 条规定体现了避风港原则的核心,即"通知 + 删除";而条例中的第 20 条至第 23 条则规定了网络服务提供者的赔偿责任免除事由和共同侵权责任的构成。[3]

---

〔1〕 参见郭亦卓:《论"避风港原则"的适用标准》,载《理论观察》2018 年第 4 期。

〔2〕 该条例于 2013 年 1 月进行了修订。

〔3〕 参见《信息网络传播权保护条例》(2013 年修订)第 14 条、第 15 条、第 20 条、第 21 条、第 22 条和第 23 条之规定。

（二）避风港原则的滥用与泛化

随着我国互联网行业的蓬勃发展，避风港原则逐渐被适用于更多类型的网络服务提供者。不可否认，避风港原则产生以来的20多年里，互联网行业的迅猛发展使作为互联网平台的网络服务提供者快速迭代，新业态层出不穷。新业态衍生出的新型交易模式、盈利模式直接导致网络时代新型法律关系的产生。这些新型法律关系的产生无疑对现行法的规定带来前所未有的冲击和“不适”。司法实践中出现越来越多的网络服务提供者涉嫌侵权的案例〔1〕，在这些案例中，提供网络服务的互联网平台功能愈加丰富，涉及的侵权类型也越发多元，因此导致传统侵权责任适用于这些新业态时“无所适从”。在这种背景下，为解决司法实践中的当务之急，选择性质相近的法律原则来解决新型网络侵权问题变成必然。这就使得避风港原则在近几年的网络侵权案件中出现了扩大适用的趋势。

诚如前文所述，学界有观点认为，避风港原则已然成为网络服务提供商在信息网络传播侵权案件中主张免责的重要理由。但实践中避风港原则的扩大适用倾向，导致了适用主体和权利内容的泛化。比如在近年来众多视频网站涉嫌侵权的案例中，涉及诉讼的视频网站均以避风港原则作为自身的抗辩依据，力图据此来除掉自身责任。同时，因避风港原则的核心是“通知＋删除”。为规避自身风险，所有网络服务提供商都会严格遵从接到“通知”后立即“删除”的既有规则，而这一规则也被一些别有用心者用于打击商业竞争对手。比如利用“通知＋删除”规则，某些网络服务提供商对同业竞争对手发出“恶意通知”，告知其某些内容已经侵犯自

---

〔1〕 新浪公司涉侵权案，阿里巴巴公司涉盗版音乐案，百度文库涉侵权案件等。

己权益，致使对手不得不删除相关内容，从而形成不当竞争。

避风港原则被滥用的趋势日渐严重，而其泛化适用的问题同样严峻。避风港原则产生初期主要是保护著作权。然而，随着信息网络技术的日新月异和网络应用以及新兴行业的快速迭代，避风港原则在司法实践中被用于众多类型的网络服务提供者。实践中，除了在网络信息传播权纠纷中适用避风港原则，在网购平台商品侵权纠纷乃至一些相关人格权纠纷的案件中也开始适用避风港原则。这种避风港原则的泛化适用，显然是便利司法裁判的作出。

（三）互联网平台责任认定困难

避风港原则在互联网侵权领域的适用，原本是出于促进信息产业发展的鼓励态度，但该原则被滥用和泛化却实际削弱了法律对互联网平台复杂交易关系的规制力度，导致新型互联网平台逃避责任的现象屡见不鲜。互联网行业的快速迭代已经使原本以"信息传播媒介"自居的网络平台发生了质变。如今，网络平台功能越发多样而复杂，但相关的法律规范与行业监管都比较滞后。这一现状导致了互联网行业以"创新"名义逃避责任义务的行为范式成为普遍。

由于长期以来对避风港原则的路径依赖，我国原《侵权责任法》〔1〕

〔1〕参见《侵权责任法》（自2010年7月1日起实施，2021年1月1日废止。）第36条规定："网络用户、网络服务提供者利用网络侵害他人民事权益的，应当承担侵权责任。网络用户利用网络服务实施侵权行为的，被侵权人有权通知网络服务提供者采取删除、屏蔽、断开链接等必要措施。网络服务提供者接到通知后未及时采取必要措施的，对损害的扩大部分与该网络用户承担连带责任。网络服务提供者知道网络用户利用其网络服务侵害他人民事权益，未采取必要措施的，与该网络用户承担连带责任。"

和《电子商务法》[1]对避风港原则的吸收,使得相关网络侵权行为之责任认定标准不严。原《侵权责任法》对避风港原则的吸收体现在其对互联网平台提出的三种责任:一是网络用户或网络服务提供者的直接侵权责任;二是网络服务提供者在接到“通知”后未及时“删除”,则须对损害扩大部分承担连带责任;三是因“知道”侵权行为存在,网络服务提供者所承担的连带责任。在这样的三重归责体系之下,要界定具体而复杂的网络活动中互联网平台的责任并非易事。互联网平台型企业在网络发展的初期,总是充当着信息发布、筛选匹配以及沟通合意的角色。但随着网络应用的深入发展,互联网平台介入交易本身并提供相应服务的情况越发多见。但是在相关政策法规[2]的约束下,为了掩盖平台介入交易活动的实质,很多互联网平台型企业选择“0 服务费”等形式来规避监管。而这样的现状往往导致一些互联网平台型企业在发生违法交易活动时,其直接侵权责任难以认定。而对于网络侵权行为中,互联网平台的连带责任的界定,依据原《侵权责任法》第 36 条第 2、3 款之规定,也存在责任认定的困难。因为该规定之下的互联网平台连带责任的产生,主要是依据互联网平台是否“明知”或者“应知”网络用户提供的信息属性(是否为虚假信息导致侵权行为的产生)。而上述法律法规,对互联网平台的信息审查义务却设定了相

---

〔1〕 参见《电子商务法》第 38 条规定:“电子商务平台经营者知道或者应当知道平台内经营者销售的商品或者提供的服务不符合保障人身、财产安全的要求,或者有其他侵害消费者合法权益行为,未采取必要措施的,依法与该平台内经营者承担连带责任。对关系消费者生命健康的商品或者服务,电子商务平台经营者对平台内经营者的资质资格未尽到审核义务,或者对消费者未尽到安全保障义务,造成消费者损害的,依法承担相应的责任。”

〔2〕 2015 年 7 月,中国人民银行等十部委联合发布《关于促进互联网金融健康发展的指导意见》,该意见明确了互联网平台的中介性质,禁止网贷平台提供信息交互、撮合,以及资信评估等中介服务以外的其他业务。

对较低的标准。虽然已经有学者提出网络服务提供者应该尽到“谨慎审查义务”[1],但无论是原《侵权责任法》还是《民法典》侵权责任编中第1194条到第1197条的规定[2],在吸收避风港原则的基础上,也只是在原《侵权责任法》第36条基础上增加了“网络侵权责任避风港原则的反通知原则”,依然没有对互联网平台的信息审查义务标准作明确规定。

立法者的原意在于避免过于严苛的立法规制阻碍互联网行业的创新发展,因此,并未对互联网平台施加类似《民法典》侵权责任编第1198条所规定的公共场所管理者或群众性活动的组织者之严格的安全保障义务。[3]因为法律推定,互联网平台不同于实体公共场所的经营者,其很难对网络用户的信息进行事前和事中审查。

---

〔1〕 杨立新:《网络平台提供者的附条件不真正连带责任与部分连带责任》,载《法律科学(西北政法大学学报)》2015年第1期。

〔2〕 参见《民法典》第1195条规定:“网络用户利用网络服务实施侵权行为的,权利人有权通知网络服务提供者采取删除、屏蔽、断开链接等必要措施。通知应当包括构成侵权的初步证据及权利人的真实身份信息。网络服务提供者接到通知后,应当及时将该通知转送相关网络用户,并根据构成侵权的初步证据和服务类型采取必要措施;未及时采取必要措施的,对损害的扩大部分与该网络用户承担连带责任。权利人因错误通知造成网络用户或者网络服务提供者损害的,应当承担侵权责任。法律另有规定的,依照其规定。”《民法典》第1196条规定:“网络用户接到转送的通知后,可以向网络服务提供者提交不存在侵权行为的声明。声明应当包括不存在侵权行为的初步证据及网络用户的真实身份信息。网络服务提供者接到声明后,应当将该声明转送发出通知的权利人,并告知其可以向有关部门投诉或者向人民法院提起诉讼。网络服务提供者在转送声明到达权利人后的合理期限内,未收到权利人已经投诉或者提起诉讼通知的,应当及时终止所采取的措施。”

〔3〕 参见《民法典》第1198条规定:“宾馆、商场、银行、车站、机场、体育场馆、娱乐场所等经营场所、公共场所的经营者、管理者或者群众性活动的组织者,未尽到安全保障义务,造成他人损害的,应当承担侵权责任。因第三人的行为造成他人损害的,由第三人承担侵权责任;经营者、管理者或者组织者未尽到安全保障义务的,承担相应的补充责任。经营者、管理者或者组织者承担补充责任后,可以向第三人追偿。”

而这也是避风港原则最初在网络知识产权领域适用的原因。然而,随着网络交易模式的日益多元和复杂,《民法典》侵权责任编中的互联网平台归责标准在适用于知识产权以外的互联网活动时,便使得过低的互联网平台信息审查义务导致了更多违法交易和网络侵权行为的发生。因此,现实的情形是,随着信息技术的不断发展和各种网络新兴业态的迅速迭代,这种相对较低的互联网平台审查标准不利于平台责任的认定。

诚然,《电子商务法》在第 38 条规定了互联网平台经营者在"明知或者应当知道"条件下的连带责任,并首次规定了平台资格资质审核和安全保障的义务。但这条规定依然采用以互联网平台是否履行了审查义务为规则路径,且仍未对审查标准进行具体规定。同时,上述规定的互联网平台之安全保障义务同样难以实现,因为电子商务互联网平台并非经营者自身,其无法对商品的性能和优劣等属性加以控制,所以此法条规定"对消费者未尽到安全保障义务,造成消费者损害的,依法承担相应的责任"。此处的"相应的责任"而非"连带责任",可以看出互联网平台对电子商务本身控制的不确定性使立法留有余地。

长期以来,我国互联网相关法治建设严重滞后于快速迭代的互联网行业发展速度,致使避风港原则在我国司法实践中的滥用和泛化,进而导致对网络侵权行为的互联网平台责任认定困难。

二、私益救助型众筹中民事欺诈的平台责任

(一)网络服务提供者的分类与其相应义务责任

不同类型的网络服务提供者具有不同形式的审核义务和安全保障义务,进而导致在发生网络侵权时其所承担的法律责任不同。

随着网络技术的不断发展和互联网与各行各业的融合创新，以互联网平台为基础的新业态层出不穷。但互联网法治却并未跟上互联网技术发展的步伐。前文所述的互联网平台责任认定困难，很大程度上是由于目前“无论是立法还是司法中人们在理解不同网络服务提供者的运行原理上都存在一些障碍”[1]，从而导致“立法与司法中对为数众多的网络服务提供者的种类边界划定模糊不清”。因此，明确不同类型网络服务提供者的义务责任，前提是明确其分类。

根据我国现有法律法规和学界观点，对于网络服务提供者的分类大致分为四种。第一种分类是基于我国在 2006 年颁布的《信息网络传播权保护条例》，将网络服务提供者分为四类：提供信息存储空间的网络服务提供者，提供搜索与链接服务的网络服务提供者，提供自动接入或自动传输服务的网络服务提供者，以及提供自动缓存服务的网络服务提供者[2]。第二种分类是学界的一种观点，网络服务提供者有两类，即作为信息中介的网络服务提供者和实际参与经营的网络服务提供者[3]。第三种分类是《关于办理非法利用信息网络、帮助信息网络犯罪活动等刑事案件适用法律若干问题的解释》中，针对我国现行《刑法》中第 286 条之一第 1 款规定的“网络服务提供者”又进行了细分：一是网络接入、域名注册解析等信息网络接入、计算、存储、传输服务；二是信息发布、搜索引擎、即时通讯、网络支付、网络预约、网络购物、网络游戏、网络直播、网站建设、安全防护、广告推广、应用商店等信息网络应用服

---

[1] 王立梅：《网络空间下避风港原则的完善与网络服务提供者责任分类》，载《江西社会科学》2020 年第 5 期。

[2] 参见《信息网络传播权保护条例》第 14 条、第 20 条、第 21 条之规定。

[3] 参见徐可：《互联网平台的责任结构与规制路径——以审查义务和经营者责任为基础》，载《北方法学》2019 年第 3 期。

务;三是利用信息网络提供的电子政务、通信、能源、交通、水利、金融、教育、医疗等公共服务。[1]第四种分类是《中华人民共和国民法典(实用版)》中对于《民法典》第1194条的网络服务提供者的侵权责任所作的一般性解释。此书观点认为:网络服务提供者包括技术服务提供者和内容服务提供者。二者的分界在于是否直接、主动向网络用户提供信息。[2]

从上述不同的分类角度可以窥见,随着互联网技术的发展创新和产业融合,网络服务提供者的内涵不断扩张,对其进行准确分类实为不易。相比之下,《关于办理非法利用信息网络、帮助信息网络犯罪活动等刑事案件适用法律若干问题的解释》中对于网络服务提供者的分类更加具体,这对于适用相关法律法规来确定不同互联网平台在网络侵权行为中应当承担的义务责任更有帮助,笔者比较认同这种观点。

因此,以第三种分类方式为基础,不同类型的网络服务提供者应承担相应的义务和责任。对于第一类,只提供“网络接入、计算、存储、传输服务”的网络服务提供者,这类互联网平台企业提供的是网络基础性技术服务。因此,这类互联网平台一旦发生网络侵权,根据其服务特性,应当谨慎适用避风港原则。因为此类基础性网络技术服务提供者对于网络侵权信息本身的控制力很弱,因此其很难“知道”网络侵权行为发生。在这种情形中,此类互联网平台只承担“通知－反通知”义务即可,是否承担“通知－删除”义务必须视具体情况而定。因此,此类互联网平台在网络侵权时享有责任豁免权。对于第二类,提供“信息网络应用服务”的网络服务

[1] 参见最高人民法院、最高人民检察院《关于办理非法利用信息网络、帮助信息网络犯罪活动等刑事案件适用法律若干问题的解释》第1条。

[2] 参见中国法制出版社编:《中华人民共和国民法典(实用版)》,中国法制出版社2020年版,第682页。

提供者，这类互联网平台对于网络传输信息内容具有可控性，甚至在某些网络应用服务中，互联网平台参与经营，例如网络直播、网络预约等。因此，这类互联网平台必须承担对其平台上网络用户所发布信息之真实性、合法性进行审核的义务。对此类互联网平台应排除避风港原则的适用，如果其未尽到对相关信息的审核义务而导致网络侵权的发生，则平台必须承担相应的侵权责任。对于第三类，“利用信息网络提供公共服务”的网络服务提供者，因其本身就是网络信息内容的发布者，因此其必然要对其所发布信息的真实性、合法性负责，若造成网络侵权，其必须承担直接侵权责任。

（二）私益救助型众筹平台责任辨析

1. 私益救助型众筹平台的信息审核义务与平台责任。要界定私益救助型众筹平台的义务与责任并非易事，因为此类互联网平台提供的网络服务内容较为复杂。利益救助型众筹活动本身具有慈善属性，但前文反复提到，运营私益救助型众筹项目的互联网平台实际上是通过此类众筹来“引流”至其实质营利的互联网保险销售。可以说，私益救助型众筹只是此类互联网平台“引流”的手段，其真正的网络服务项目是具有经营性质的互联网保险销售。与明显介入经营的网约车平台、网络直播平台等不同，目前私益救助型众筹平台在此类众筹项目当中收取的少量服务费并非平台的主要营利点。但从更加宏观的视角来看，运营此类平台的企业实际上是在利用私益救助型众筹来促进其他经营板块的盈利。也可以说，私益救助型众筹项目的运营起到了为此类网络服务提供者“打广告”的一种作用。从这个意义上来说，要界定私益救助型众筹平台的义务和责任不能只看表象，必须抽丝剥茧究其实质。根据上述分析，具有经营性质的网络服务提供者，必须对其网络平台的信息内容负责。不仅如此，网络平台的出现降低了信息发布和传输成本,使平台上的信息发布者与不特定多数人产生连接。信息的发布与传播、沟通与合意是网络平台业务的实质。平台对于互联网空间的控制实际上体现在其对于信息的审核与信息匹配后的业务管理中。故私益救助型众筹平台当然地负有对求助者信息的真实性、合法性审查之义务。如果此类平台没有尽到该义务,而导致网络侵权事件发生,则涉事的私益救助型众筹平台必须承担相应的法律责任。

2. 私益救助型众筹中民事欺诈的平台责任辨析。前文论述了私益救助型众筹中发生民事欺诈的几种类型。笔者认为,在虚假众筹中只要发起人或求助者已经提取了众筹款项,(且在排除刑事诈骗的前提下)即可认定构成了民事欺诈的侵权行为。而在此类欺诈行为中,众筹平台应该承担何种责任,值得探讨。

一是过错责任的排除。我国《民法典》侵权责任编第 1165 条第 1 款将过错责任原则规定为侵权法的归责原则。〔1〕这一原则要求行为人善尽对他人的谨慎和注意义务,努力避免损害后果,也要求每个人充分尊重他人的权益,从而为行为人确定了自由行为的范围,体现了对个人的尊重;它有利于预防损害的发生,通过赋予过错行为以侵权责任,它教育行为人行为时应谨慎、小心,尽到注意义务,努力避免损害的发生;它充分协调和平衡了"个人自由"和"社会安全"两种利益的关系。〔2〕

过错之所以作为归责的事由,最重要的一方面是在于预见可能性,预见可能性是指行为人可以预见或者能够预见损害结果的

〔1〕参见《民法典》第 1165 条规定:"行为人因过错侵害他人民事权益造成损害的,应当承担侵权责任。依照法律规定推定行为人有过错,其不能证明自己没有过错的,应当承担侵权责任。"

〔2〕魏振瀛主编:《民法》(第 4 版),北京大学出版社、高等教育出版社 2010 年版,第 649 页。

发生。《民法典》侵权责任编第1195条和第1197条对间接侵权行为的主观要件作了相关规定，从法条对侵权行为表述为接到权利人的侵权通知以及知道侵权行为的存在，可以看出网络服务提供者主观过错为知道侵权行为的存在。但是关于"知道"应当达到一个什么样的程度，是否不仅包括知道侵权行为已经实际发生，还应当包括知道侵权行为具有发生的可能性，在理论界存在一定的争议。虽然网络服务提供者在提供网络服务之时就能预见到侵权行为存在的可能性，但是知道侵权行为可能存在并不意味着构成间接侵权，否则网络服务提供者为了避免侵权行为发生，需要事先对所经营的业务以及网络用户上传的所有信息或者作品进行审查，发现侵权行为阻止损害结果发生才能免于承担责任。因此，网络服务提供者"知道"应当仅包括已经发生的侵权行为，否则不应认定其主观上具有过错。[1]

二是众筹平台的连带责任。《民法典》第1197条规定了网络服务提供者和网络用户的连带责任。[2] 参照此规定，众筹平台未尽到求助者信息的审查义务，进而导致私益救助型众筹发生民事欺诈行为，则众筹平台有义务穷尽各种方式帮助捐赠人追回捐赠财产。如果求助者（发起人）不予返还，或不完全返还，则众筹平台须承担连带责任。水滴筹《用户协议》中约定"责任限额：平台在审核与支持特定个人大病求助项目过程中，因故意或重大过失而导致该项目参与方损失的，应当承担赔偿责任，但赔偿限额为平台根据本协议第2条第4款在该个人大病求助项目中收取的服务费

---

〔1〕 参见崔舒：《网络服务提供者间接侵权责任研究》，兰州大学2020年硕士学位论文，第7页。

〔2〕 参见《民法典》第1197条规定："网络服务提供者知道或者应当知道网络用户利用网络服务侵害他人民事权益，未采取必要措施的，与该网络用户承担连带责任。"

用。”笔者认为,上述约定有众筹平台规避责任之嫌,不符合《民法典》保护受害人权益的立法宗旨。

本章小结

在私益救助型众筹活动中,欺诈行为时有发生。其主要表现形式为五种:伪造或夸大自身众筹事由、伪造或夸大他人众筹事由、隐瞒真实财产情况、假冒他人进行众筹、滥用众筹款项。对私益救助型众筹中的欺诈行为进行定性分析,首先要考量民事欺诈与刑事诈骗的界分。根据陈兴良教授给出的三个区分标准,即欺骗内容、欺骗程度与非法占有目的。笔者认为,在私益救助型众筹的欺诈行为五种表现形式中,除假冒他人进行众筹之外应均属于民事欺诈。其次,私益救助型众筹的欺诈行为属于无效民事行为还是可撤销民事行为。根据现行民事法律中关于欺诈、无效民事行为以及赠与合同等相关规定,私益救助型众筹中的欺诈行为属于可撤销民事行为。捐赠人在众筹款项提现之前拥有任意撤销权,此项权利依照现行民事法律相关规定行使。

私益救助型众筹发生民事欺诈时,众多捐赠人可以选择共同诉讼或代表人诉讼来维护自身权益。但这两种多人诉讼相较于私益救助型众筹平台代为诉讼来说,成本较高,效率偏低。即使私益救助型众筹的众多捐赠人选择了共同诉讼或是代表人诉讼,最终判决结果,即众筹款项的返还还是需要经由众筹平台来操作执行。因此,从兼顾公平和效率的角度出发,为有效抑制私益救助型众筹平台的负外部性,立法应赋予私益救助型众筹平台代为起诉之权利。

私益救助型众筹发生民事欺诈时,众筹平台是否需要承担责任值得商榷。自避风港原则产生以来,随着互联网技术的快速发展和互联网行业的不断迭代,避风港原则的滥用与泛化已经成为互联网企业规避责任的重要理由。因此,这就对发生民事欺诈时,如何认定私益救助型众筹平台的责任造成困难。笔者认为,对于私益救助型众筹平台来说,在运营此类项目时必须尽到谨慎、勤勉的信息审查和款项管理义务。如果因为疏于审查管理而导致私益救助型众筹民事欺诈的发生,此时众筹平台构成对捐赠人的侵权行为。但过错责任和连带责任均以损害结果的发生为前提,因此上述责任对于私益救助型众筹平台过重,可以排除。私益救助型众筹中,如果是因众筹平台未尽到审查义务发生民事欺诈,此时只需求助方返还财产即可,众筹平台无须承担额外赔偿。若此时求助方不具备返还能力,为衡平保护捐赠人权益,则捐赠人可以提出由私益救助型众筹平台承担补充责任之主张。

第七章　私益救助型众筹的法律制度设计

第一节　立法利益衡量与立法规制模式

一、立法利益衡量

(一)利益冲突与立法规制

现代社会利益冲突必然存在。毋庸置疑,随着三次工业革命的进程,现代社会的利益格局日益多元化、复杂化。传统社会的利益结构普遍具有同质性和整体性的倾向,通过权力和身份地位来分配利益成为传统社会的常态。然而在现代社会中,市场经济下的市场资源配置功能导致利益主体不断分化,原有的社会利益同质化、整体化格局日趋分化,多元化的利益主体和多层次利益结构逐渐形成。利益的分化必然导致不同利益以及不同利益主体之间的冲突。“因为各利益主体一般总是基于自己的利益追求而参与人们的共同社会生活,他们所追求的利益,他们关于满足自己利益追求的愿望在没有制度规制的情况下是容易每每逾越界限而对其他主体的利益发生负面影响的。这就需要有调节利益关系、处理利益冲突和矛盾的制度手段”〔1〕。

立法是化解利益冲突的有效途径。博登海默在其撰写的《法理学：法律哲学与法律方法》一书中指出“法律的主要作用之一就是调整及调和上述种种相互冲突的利益，无论是个人的利益还是社会的利益”〔2〕。法律是以国家的名义出现并要求全体社会成员普遍遵守的一种行为准则，它为人们追逐利益的行为提供了一系列的评价规范，努力为各种利益评价问题提供答案。〔3〕利益冲突本身是促进社会发展的重要动因，因为利益冲突使得人们在利己本性的驱使下实现自身利益最大化，而这个过程本身促进了社会整体利益的发展和社会的进步。因此，如何调整利益冲突使得社会不断进步同时尽可能减少纷争？现代社会，法律赋予了各种利益主体之间的平等地位和对利益追求的自由，追求自身的合法利益成为利益主体的法定权利和自由。然而，利益资源的稀缺性导致利益主体之间冲突是不可避免的，如何在相互冲突的利益中进行协调整合就成为立法过程中利益衡量的核心议题。抑或可以理解为，每一项法律制度都有其特殊的法律价值，都是利益衡量的结果。〔4〕这是因为，立法本身是一个多方利益博弈的过程，法律制度是立法者对社会上各种现存利益和将来可能产生的利益加以综合平衡的结果。〔5〕

私益救助型众筹的核心利益冲突是，众筹平台用商业运作模式来做慈善，必然会因“契约失灵”而导致私益救助型众筹平台的

---

〔1〕参见周旺生：《论法律利益》，载《法律科学.西北政法学院学报》2004 年第 2 期。

〔2〕参见［美］E. 博登海默：《法理学：法律哲学与法律方法》，邓正来译，中国政法大学出版社 1999 年版，第 398 页。

〔3〕参见张新宝：《侵权责任法立法的利益衡量》，载《中国法学》2009 年第 4 期。

〔4〕参见曾迪：《利益衡量下平台企业拒绝数据共享的正当性判断》，载《竞争政策研究》2022 年第 2 期。

〔5〕参见张新宝：《侵权责任法立法的利益衡量》，载《中国法学》2009 年第 4 期。

道德风险加剧，机会主义行为丛生。前文提到，契约失灵是指在信息不对称的情况之下，企业因逐利而产生的侵害消费者利益的机会主义行为，无法因二者之间的契约而得到遏制。当消费者无法获知企业的全部信息时，其对企业提供的服务或产品质量无从判断，从而导致企业为追逐高额利润而以次充好。此时，市场机制本身的调节作用受到抑制，难以发挥作用。

求助者与众筹平台的道德风险。机会主义行为的本质是“损人利己”。在私益救助型众筹中，众筹平台作为商业企业为捐赠人和求助者提供信息交互等服务。此时，捐赠人无法获知关于私益救助型众筹项目的全部真实信息，众筹平台因商业属性必然选择追逐更多利润的行为：一是私益救助型众筹平台不可能严格审核求助者资格和求助信息的真实性。因为一方面，众筹平台的严格审核会增加成本。另一方面，众筹平台因严格审核会导致众多客户流失，这与众筹平台运营私益救助型众筹项目的初衷背道而驰，因为此类平台大多都是依靠私益救助型众筹项目来赚取流量，进而开展其他板块的业务（诸如商业健康保险销售等）来获取更大收益。这也是出现水滴筹“扫楼”事件的根本原因。二是私益救助型众筹平台不会对众筹款项的去向作严格监管。私益救助型众筹平台作为商业企业，其行为本质是“促成交易”。但正如前所述，此类众筹为平台带来的客户和流量才是平台获利的根本所在。正因如此，如果没有法定责任对众筹平台制约，其当然不会选择严格监管众筹款项的使用，毕竟这一行为本身不会为平台带来收益，反而会增加成本，甚至由于严格监管而导致潜在客户的流失。也就是说，私益救助型众筹平台作为商业企业而做慈善，其与捐赠人之间形成的契约无法限制其因逐利的本质所导致的机会主义行为。与此同时，在没有法律规制的情况下，求助者通过发布不实求助信息而发起虚假众筹并因此获利也是不可避免的道德风险。

捐赠人逆向选择的必然。逆向选择在经济学中是一个含义丰富的词汇,它的一个定义是指由交易双方信息不对称和市场价格下降产生的劣质品驱逐优质品,进而出现市场交易产品平均质量下降的现象。逆向选择理论源于诺贝尔经济学奖获得者 George Akerlof 开创的信息经济学理论。George Akerlof 在 1970 年发表了名为《柠檬市场:质量不确定性和市场机制》的论文,其中 George Akerlof 阐述了这样一个市场现实,即卖方能向买方推销低质量商品等现象的存在是因为市场双方各自所掌握的信息不对称。在私益救助型众筹中,同样因为求助方与捐赠人的信息不对称而导致逆向选择频繁发生。私益救助型众筹中欺诈行为的发生都是源于捐助方无法及时地获知求助方的全部且真实的信息。私益救助型众筹成功与否往往取决于众筹文案的煽动性和众筹项目的传播范围。而那些真正需要通过私益救助型众筹来解决燃眉之急的人,往往是社会底层群体,没有经济能力,无法撰写出"催泪感人"文案陷入无法获得帮助的窘境。同时,私益救助型众筹平台为了吸引流量会高薪聘请筹款顾问。这些筹款顾问的工作职责主要是招揽众筹客户,以及代写"催泪感人"的文案。私益救助型众筹的捐赠方有些就是被这些感人煽情的求助文案打动,从而被激发起施善之心,进而无偿捐出自己的财产给予求助者最无私的爱。换言之,私益救助型众筹中存在的信息不对称导致了虚假众筹往往获得成功,而那些真正需要帮助的困难人士因为逆向选择而被挤占了求助资源,无法通过众筹获得经济帮助。

有学者认为,调和上述利益冲突也许能够通过私益救助型众筹由非营利组织作为众筹平台来运营的方式来解决机会主义行为从生的问题。[1]但非营利组织真的能解决私益救助型众筹的所有问题吗？事实上，即便是私益救助型众筹平台属性改变，以非营利组织形式运营，一定程度上避免了“契约失灵”的问题，但却又陷入了志愿失灵的窘境。所谓志愿失灵，是指非营利组织开展的志愿活动常常出现问题而导致其无法正常运行。主要表现为志愿活动效果的不充分和不平衡，即非营利组织通过开展各类志愿活动来帮助弱势群体，但受助群体仍不能得到有效帮助，或是出现某一些群体得到过剩的帮助而另一些群体得不到帮助。也可以说是，非营利组织的固有缺陷导致了社会财富第三次分配的不充分和不平衡。正因如此，可以说，私益救助型众筹这种模式在网络时代兴起正是多年来慈善组织志愿失灵的结果。郭美美事件、吴花燕事件等无一不在反复证明慈善组织的活动也存在诸多问题。在志愿失灵的情况下，人们宁愿选择自力救济、互帮互助，通过社交媒体向陌生人求助，而不是期待慈善组织能及时充分的雪中送炭。

商业企业做慈善因契约失灵而导致机会主义行为难以避免，而慈善组织的志愿失灵又导致了私益救助型众筹这种模式的必然存在。要平衡两难困境，立法规制私益救助型众筹才是更加有效的选择。因为“立法的目标在于通过相关利益主体的博弈而公平合理地分配资源与调节利益关系以使各种利益主体能够各得其所、各安其位从而实现社会的和谐发展与进步。这种经过各方博弈达致平衡的利益关系凝固于具体的法律制度当中，通过法律的规范功能即指引、预测、评价、强制等排除了初民社会中的个别博弈的局限性节省了交易成本，从而在整体上节省

[1] 参见《金锦萍再评水滴筹事件：为何个人求助信息平台更应选择非营利机制?》，载百家号“南都观察”2019年12月20日，https://baijiahao.baidu.com/s?id=1653431862415324471&wfr=spider&for=pc。

了社会总成本”[1]。通过制定法律,设定一系列行为规则,提供何者可为、何者不可为等充分信息以减少各种风险和不确定性;提高人们认识环境和事物的能力,从而使人们预先知道自己行为的法律后果,并对他人可能采取的行动产生一种稳定的预期,进而为法律主体提供与环境有关的激励信息和认知模式,使之可以按照法律指引的方向和确定的范围作出选择,以应对个人在复杂性和不确定性面前的理性不足。

(二)立法中利益衡量的过程

19 世纪后期到 20 世纪中叶,社会生活在工业革命推动下发生深刻变革,新型关系导致了很多新问题和新案件,这对僵化的概念法学发起了挑战,利益法学即在这种背景下应运而生。利益法学的核心是利益衡量,是在承认法律漏洞的前提下,赋予法官造法与自由裁量的一种法律解释的方法论。“法官在阐释法律时应摆脱逻辑的机械规则之束缚,而探求立法者制定法律时衡量各种利益所为之取舍……斯即利益衡量。换言之,利益衡量乃在发现立法者对各种问题或利害冲突表现在法律秩序内由法律秩序可观察而得之立法者的价值判断。”[2]1966 年,日本学者加藤一郎在留学美国之后,发表了《法解释学的论理与利益衡量》一文,在批判概念法学的各种弊病的基础上,提出了“利益衡量”的民法解释观。[3] 而后,利益衡量论于 20 世纪 60 年代提出后一直在日本民法学界占据主导地位。[4]利益衡量的产生是基于法律漏洞的存在,正如梁上上

---

〔1〕 张新宝:《侵权责任法立法的利益衡量》,载《中国法学》2009 年第 4 期。

〔2〕 杨仁寿:《法学方法论》,中国政法大学出版社 1999 年版,第 175 页。

〔3〕 参见梁上上:《利益衡量论》(第 2 版),法律出版社 2016 年版,第 39 页。

〔4〕 参见段匡:《日本的民法解释学》,复旦大学出版社 2005 年版,第 103 ~ 104 页。

教授所言“在复杂的当代社会中,法律必然存在法律漏洞,法官造法不但难以避免而且很有需要,传统的三段论形式逻辑已经很难适应法律适用的需要。换言之,概念法学已经难以适应当代法律适用的现实环境,在法律适用中使用利益衡量的方法已经成为一种必然”[1]。因此利益法学中的利益衡量主要应用于司法领域。

而事实上,立法中也存在利益衡量。法是利益的衡平,因此可以说立法过程本身就是一个利益衡量的过程。如果说司法中的利益衡量是源于法律漏洞的存在而导致法官在司法审判过程中不得不通过衡量利益来最终作出裁判,那么这种以“法官造法”形式而存在的司法利益衡量其逻辑基点仍是立法。现代社会,社会关系日益复杂,利益种类和利益主体日益多元,因此各种错综复杂的利益冲突成为常态。与此同时,法律赋予了各利益主体之间的平等地位和对利益追求的自由,但由于可供利用的利益资源的有限性和稀缺性,当利益主体之间相互冲突又不能同时得到满足的时候,如何在相互冲突的利益中进行协调整合是立法过程中利益衡量必须认真对待和处理的关键问题。[2]“它要求建立一定的社会法规,这个法规必须能够正式或非正式地涵盖斗争的全部领域,将发生冲突的各个部分包括在内,并对他们实施有效的管制。”[3]正如社会控制理论认为:抑制社会冲突有观念途径、经济途径、制度途径三种。[4]选择解决问题的途径应与问题的性质相适应。而制度途径显然是相对恒定的一种选择。法治具有固根本、利长远、稳预期的保障作用。因此,要解决现代社会利益多元化导致的利益冲突

〔1〕 梁上上:《利益衡量论》(第2版),法律出版社2016年版,第65页。

〔2〕 参见杨炼:《立法过程中的利益衡量研究》,法律出版社2010年版,第47页。

〔3〕 [美]查尔斯·霍顿·库利:《社会过程》,洪小良等译,华夏出版社2000年版,第33页。

〔4〕 参见杨炼:《立法过程中的利益衡量研究》,法律出版社2010年版,第27页。

之普遍问题,通过立法进行利益衡量是各国选择法治的基本原因之一。

立法中的利益衡量,是指立法者为了实现各利益主体之间的利益平衡,在立法过程中依据一定的原则和程序,在对多元利益进行识别、各利益主体充分表达利益诉求的基础上,对各种不同利益进行比较、评价、选择,进而实行利益整合的过程。[1] 依照以公平、正义(含平等、公正、公道等意义)为核心的一定伦理道德准则保障人们应当享有的各种权利和合理地调节人们之间的各种利益关系,是隐藏在纷纭复杂的一切法律现象后面的秘密,也是立法者在制定法律时必须考虑和解决的核心问题。[2] 立法中的利益衡量包括利益表达、利益识别和利益整合。利益表达就是指各利益主体平等地表达自己的利益诉求,是利益衡量的前提和基础。利益识别是立法者对于利益性质以及结构层次进行全面分析的过程,此处涉及同质利益衡量和异质利益衡量。利益整合的过程是不同利益主体间利益诉求的共性部分的实现,是对不同利益主体的利益关系进行调整、协调的过程,通过这个过程使各方利益达到相对统一、和谐、均衡的状态。通过利益表达,进行利益识别,进而立法者最后通过利益整合来确定相应的法律规则。

立法规制私益救助型众筹也必然是一个利益衡量的过程。作为求助方,在社会保障体系不完善的现实制约下,法律不能也不应该剥夺一个人向全社会进行求助的权利,因为对个体利益的不懈追求是推动人类社会发展的重要动力,正如庞德所言"利益是各个

---

〔1〕 参见董颖颖:《论我国立法过程中的利益衡量》,山东大学2012年硕士学位论文,第3页。

〔2〕 参见梁上上:《利益衡量论》(第2版),法律出版社2016年版,第119页。

人所提出来的"[1],作为众筹平台,既然不是公益组织,那么此类平台就不当然肩负做慈善的义务,因此平台因私益救助型众筹"引流"从而获利的正当性须予以考量。作为捐赠人,在道德因素驱使之下其作出无偿捐赠的慈善行为,法律必须对该群体的利益予以保护。这种保护,从道德层面讲是鼓励社会成员之间互帮互助,从经济层面讲是促进每个利他主义者在利他行为中付出的成本能够得到回报,进而使利他主义者逐渐成为主流,换言之就是促进公共利益的实现最大化。要实现立法规制私益救助型众筹良性发展的最终目的,应该是在充分利益衡量的基础上设计出一套法律规则,来促进上述个人利益、群体利益以及社会公共利益在互不侵害的状态下均能实现自身利益最优。正如有学者所言"从制度分析的角度而言,一种社会形态具有更强的生命力,就在于这种社会形态的制度能够更好地协调个人私利与公共利益的关系,能够将个人追求私利之行为最终导向在个人私利实现的同时亦增进社会公共利益"[2]

二、立法规制模式

(一)网络新业态立法规制模式

近年来,随着网络技术不断迭代,基于互联网技术和平台而诞生的新业态层出不穷。尤其是互联网平台型新业态,诸如电商平台、网约车平台、网络教育平台、网络医疗平台,以及各种互联网金融平台等,已经逐渐成为我国经济发展的新亮点。这些基于网络

[1] [美]罗·庞德:《通过法律的社会控制:法律的任务》,沈宗灵、董世忠译,商务印书馆1984年版,第35页。

[2] 高兆明:《制度公正论:变革时期道德失范研究》,上海文艺出版社2001年版,第119页。

技术而衍生的平台型新业态都面临共同的问题，即新型纠纷与既有法律之间的冲突。面对层出不穷的新问题，当前的监管和立法规制思路体现出“行业性路径依赖”[1]的特征。比如，对网约车的监管往往类比于监管出租车等公共交通工具，而对于网贷、股权众筹、互联网保险等互联网金融产品的监管则被纳入金融行业规制范畴等。

2015年我国提出“互联网+”行动计划，而当前网络技术与各行各业的融合发展已经势不可当。面对新型法律关系，上述以现有的规范工具向新兴产业模式延伸的监管和立法规制思路受到了一些学者的质疑，即“将传统的责任义务关系生搬硬套给新型的商业实践属于缘木求鱼，也可能阻滞商业创新的发展”[2]。事实上，类似于传统业态的互联网新业态越发多见。比如，互联网股权众筹在形式上类似于传统的证券发行。又如，网络互助类似于传统保险中的相互保险，私益救助型众筹类似于传统的慈善募捐等。虽然从表象上来说，这些互联网新兴业态与某些传统业态确实颇为相似，但互联网技术的应用和互联网平台的介入，导致新兴业态中的纠纷关系在适用既有法律时出现了各种“不适”。比如，私益救助型众筹中的互联网众筹平台，根据传统的法律关系可以将其视为“类似居间人”，但由于其“中立的信息传播平台”的法律定位，其仅负有《慈善法（修订案）》中规定的信息审查义务，有别于传统居间人的如实报告义务，因此不能确定其符合传统居间人的身份。因此，在涉及此类纠纷时，由于私益救助型众筹平台身份难以用既有法律关系来界定，直接导致其责任认定困难，进而陷入私益救助

[1] 徐可：《互联网平台的责任结构与规制路径——以审查义务和经营者责任为基础》，载《北方法学》2019年第3期。

[2] 徐可：《互联网平台的责任结构与规制路径——以审查义务和经营者责任为基础》，载《北方法学》2019年第3期。

型众筹“野蛮生长”的乱象之中。

笔者认为，如果基于促进互联网行业创新和私益救助型众筹良性发展的目的，选择行业性路径依赖的规制模式恐怕无法有效解决私益救助型众筹发展中日益多元和复杂的纠纷。私益救助型众筹的立法规制模式必须是符合当前中国国情的，立足于我国互联网行业和慈善事业发展现状的一种选择，即通过借鉴穿透式监管思路对私益救助型众筹进行立法规制，从而摆脱行业性路径依赖规制模式带来的平台责任认定困难等问题。私益救助型众筹作为互联网平台型新业态，其产业模式的新颖性不能阻却监管规范路径的延伸，借鉴穿透式监管的思路就是要通过分析私益救助型众筹慈善表象背后的实质运营模式和盈利模式，从而明确真实监管需要。

(二) 中国特色立法规制模式

鉴于《慈善法(修订案)》中已经对个人求助进行了简略规定，[1]并且也明确了“对个人求助的网络服务提供者的管理规则由国务院民政部门会同有关部门另行制定”，则具有中国特色的私益救助型众筹立法规制模式存在两种可能。

一是制定“私益救助型众筹中介机构业务活动管理办法”。互联网时代，新业态的层出不穷在带来新经济增长点的同时，必然附带着新问题、新纠纷的频繁发生。社会公众和学界总在问题频发时呼吁立法与监管的及时跟进，但法律的稳定属性又要求立法规

〔1〕 2022年12月30日公布的《中华人民共和国慈善法(修订草案)》第132条规定：“个人为了解决本人或者家庭的困难向社会发布求助信息的，求助人和信息发布人应当对信息真实性负责，不得通过虚构事实等方式骗取救助。网络服务提供者应当承担求助信息真实性审查义务。对个人求助的网络服务提供者的管理规则由国务院民政部门会同有关部门另行制定。”

制的审慎应与效率并重。因此，为私益救助型众筹这种互联网新业态制定专门法律来规制，言之尚早。

在我国立法的通行做法是在某一类事项达到一定重要程度时，由相关国家机构以制定部门规章的形式对此类事项的合法性加以确认，同时规范其活动。例如，P2P 网络借贷的兴起与立法规制。P2P 网贷自 2007 年在我国兴起，大致经历了萌芽时期、迅速扩张与风险丛生时期，以及规范监管的政策调整时期。在经历了 2012—2014 年的 P2P 平台迅速扩张和频繁“爆雷”之后，2016 年 8 月《网络借贷信息中介机构业务活动管理暂行办法》出台，至此，规制 P2P 网络借贷终于“有法可依”。

参照 P2P 网络借贷的发展与立法规制历程可知，私益救助型众筹目前正处于风险丛生的盲目扩张时期，监管与立法规制是必然趋势。因此，笔者认为，从现在开始由民政部、国家网信办等相关部委共同制定“私益救助型众筹中介机构业务活动管理办法”来规范私益救助型众筹活动是必然选择。

二是制定“关于办理私益救助型众筹案件中适用法律若干问题的解释”。根据目前私益救助型众筹的发展现状可以预见，如果监管不能及时跟进，此类众筹重蹈 P2P 盲目扩张和频繁“爆雷”的覆辙在所难免。随之而来的极有可能是此类诉讼案件的数量增加。上文提到的 2019 年 11 月北京市朝阳区法院的首例个人大病求助众筹纠纷判例虽然具有一定的示范意义，但由于私益救助型众筹尚处于“无法可依”的法律空白地带，倘若再出现其他类似案例，在存在法律漏洞的前提下，法官自由裁量的范围过大，极容易出现同案不同判的结果。

为了避免上述情况，在私益救助型众筹纠纷频繁发生的情况下，根据我国立法与司法实践经验，可以考虑由最高人民法院制定“关于办理私益救助型众筹案件中适用法律若干问题的解释”来规范此类案件的审理工作,从而保护捐赠人、求助者以及私益救助型众筹平台各方的利益。

第二节　私益救助型众筹立法的核心制度设计

庞德指出:“法的功能在于调节、调和与调解各种错杂和冲突的利益,以便使各种利益中大部分或我们文化中最重要的利益得到满足,而使其他的利益最少的牺牲。”[1]因此,立法规制私益救助型众筹就是要通过核心制度设计来抑制甚至消弭其机会主义行为而引发的利益冲突,同时促进各利益相关方在上述制度规则内更大化实现自身利益。诚如前所述,立法的利益衡量包括利益的表达、识别和整合。前两者在本书前面章节已经论述清楚,本章私益救助型众筹立法的核心制度设计从利益整合开始,进而确定具体的法律规则。换言之就是通过核心制度设计使私益救助型众筹中不同利益主体间利益诉求的共性部分得以实现,对各方主体的利益关系进行调整、协调,使其最终达到相对和谐、均衡的状态。

一、事前防范——众筹平台信息审查等制度设计

(一)事前防范之利益整合

私益救助型众筹是通过商业平台来做慈善。此类平台的商业属性体现的工具理性与此类众筹活动的捐赠人的无偿赠与行为体现的价值理性,形成了利益驱动与理想驱动的天然冲突。这种冲突直接导致了私益救助型众筹活动中信息不对称的普遍存在,甚

[1] 参见[美]罗斯科·庞德:《法理学(第三卷)》,法律出版社2007年版,第16页。

至有加剧之倾向。因此,在因契约失灵不可避免的机会主义行为频繁发生的情况下,即便此类众筹平台可以选择非营利组织模式继续运营私益救助型众筹项目,又会陷入志愿失灵之困。要平衡上述矛盾,立法规制私益救助型众筹须从规范众筹平台入手。为了避免私益救助型众筹的发展重蹈 P2P 网贷“野蛮生长”的覆辙,首先要对运营私益救助型众筹项目的平台加以限制。资质健全、运营规范的平台是保障私益救助型众筹良性发展的前提,因此,为平台设立一定的准入条件,是做好事前防范的第一步。

与此同时,2022 年《慈善法(修订案)》中已经明确规定了网络服务提供者的信息审查义务,且从更大程度保护捐赠人利益,以及更好地平衡求助者个人信息保护与求助者信息公开的角度出发,利益救助型众筹平台都该承担更严格的信息审查义务。

为避免信息不对称引发私益救助型众筹平台更多机会主义行为,此类众筹平台本身也应该及时披露企业相关经营管理信息。同时,通过立法确立此类平台的禁止任意招揽原则,来实现捐赠人、求助者、社会公众等多方利益的最大化。

此外,关于求助者资格问题。立法无法具体设定符合求助资格的条件,因为人人都享有在危急时刻求助的权利,这是一种基本人权。但为避免本身不存在困难,或者自身具有解决困难能力的公民个人滥用这种求助的权利,立法可以通过求助者负面清单制度来设置不符合求助资格的具体条件。

(二)事前防范之核心制度

立法规制私益救助型众筹的事前防范制度设计应包括:

1. 平台准入制度。私益救助型众筹平台的准入应采用许可制。为了避免私益救助型众筹的发展重蹈 P2P 网贷“野蛮生长”的覆辙,首先要对运营私益救助型众筹项目的平台加以限制。资质健全、运营规范的平台是保障私益救助型众筹良性发展的前提。截至2021年年末，民政部根据《慈善法》的相关规定已指定三批慈善组织互联网公开募捐信息平台。但针对私益救助型众筹，目前并无规定。笔者认为，符合一定条件的众筹平台在经过民政部门许可后，方可获得运营私益救助型众筹项目的资质。

笔者认为，私益救助型众筹平台的准入许可应满足以下几方面条件。第一，具备独立法人资格，且取得中华人民共和国电信与信息服务业务经营许可证（ICP许可证）；第二，平台所属企业无不良信用记录；第三，应具有相应的服务保障措施，包括管理制度、硬件设施、办公场地、人员配备、经费保障等；第四，混业平台应设立私益救助型众筹与其他营利性项目分账管理机制；第五，上市企业中，私益救助型众筹板块不属于上市资产范畴。满足以上条件的众筹平台可以获得民政部门许可运营私益救助型众筹项目的资质。

2. 众筹平台信息审查制度。立法应为私益救助型众筹平台设定信息审查义务。运营私益救助型众筹项目的互联网平台应该对求助方的资格条件，信息的真实性，众筹项目的真实性、合法性进行必要审核。

平台有权要求发起人及时、真实、准确地公开以下信息：众筹事由（求助信息），众筹（求助）事项花费情况，预期款项用途，家庭基本经济情况（收入、不动产等信息），基本社会保障情况，商业保险情况，是否享受低保，已经获得相关救助的信息。平台应对以上信息进行形式审查和必要的实质审查。必要实质审查的内容应当包括：众筹事由的真实性、众筹事项花费情况证明材料的真实性、社保情况真实性、商业保险情况真实性，以及低保情况真实性。众筹平台在对上述信息进行实质审查时，相关部门应当积极配合。需要特别说明的是，针对家庭基本经济情况等信息进行实质审查较为困难,若存在权属证明材料,对权属证明进行实质审查时,除权属信息与网络服务提供者可以检索的知识产权库存在不一致、权利证明材料明显为伪造材料、权利已超过期限等情形外,众筹平台可以推定权属证明合法有效。

3. 信息披露制度。一方面,立法应确立求助方部分信息充分披露的原则。为平衡捐赠人知情权与求助方的个人隐私信息权,立法应明确求助方信息披露的范围。可分为必要披露信息和自愿披露信息。前者主要包括求助方基本信息(求助者姓名、身份信息、求助事由及花费、家庭经济状况的简要介绍、低保、社保、商业保险等情况),这些信息是捐赠人作出是否捐赠的判断基础;后者包括家庭经济状况的具体描述等,因涉及隐私,求助方可以选择自愿披露。同时需要注意,披露内容应符合法律法规关于国家秘密、商业秘密、个人隐私的有关规定。另一方面,立法应确立私益救助型众筹平台经营管理信息披露原则。运营私益救助型众筹项目的众筹平台应当及时在其官方网站显著位置披露本机构的经营管理信息。众筹平台应当在其官方网站上建立业务活动经营管理信息披露专栏,定期以公告形式向公众披露年度报告、法律法规、私益救助型众筹有关监管规定。与此同时,立法应设定平台对捐赠人的隐私保护义务。平台为捐赠人提供可选择的隐私保护选项;未经允许,不应公布或泄露其隐私信息。

4. 禁止任意招揽原则。禁止任意招揽与信息公开规则最初在美国 1933 年《证券法》中确立,意在确保证券发行这种风险交易中交易信息的真实和完整性。由于信息不对称的普遍存在,招揽信息的受众容易被虚假信息误导而陷入“乌合之众”的困境。因此,为保护那些自我保护能力较弱的“非理性”投资者,在证券发行领域确立了上述规则。

近些年发生的“扫楼”乃至“互殴”事件[1],实则属于“任意招揽”的范畴。众筹平台为了增加用户流量,通过绩效激励的方式促使工作人员在各个医疗机构进行“扫楼”式宣传,将大量并不存在众筹需求的普通民众拉入到私益救助型众筹队伍中来,然后通过众筹平台专业编写的“不真实但却煽情的”求助故事,诱导捐赠人无偿捐献自己财产。毋庸置疑,上述行为增加了虚假众筹的风险。要做好私益救助型众筹的事前防范,则须在立法中引入禁止招揽原则,通过法律规定明令禁止众筹平台开展线上和线下的不实宣传活动。

5. 求助者负面清单制度。立法应确立私益救助型众筹求助者负面清单制度。一直以来私益救助型众筹的求助资格问题都是公众和学界争论的热点。法律不能限制个人在陷入困境时求助的权利,但同时法律也无法对“困境”作出明确的界定。因此可以考虑在进行私益救助型众筹立法时设置求助者负面清单制度,即对不符合求助资格者设定具体条件。比如符合下列条件两条以上(含两条)者,不得申请私益救助型众筹:年收入 12 万元以上;不享受低保;已经购买商业保险;已加入城乡居民基本医疗保险等。

二、事中控制——众筹款项平台监管制度设计

(一)事中控制之利益整合

私益救助型众筹平台作为商业企业,其出于经济利益考量带

---

[1] 2020 年 5 月 19 日上午,水滴筹、轻松筹两家大病筹款平台的推广人员在重庆市肿瘤医院门口因“扫楼”事项发生冲突,几人互殴,有人受伤。参见《水滴筹、轻松筹再起冲突,为筹生仇何时休?》,载百家号“中新经纬”2020 年 5 月 21 日,https://baijiahao.baidu.com/s?id=1667289396781003679&wfr=spider&for=pc。

来的负外部性体现在对捐赠人的权利侵害，即众筹平台疏于监管，导致虚假众筹和挪用众筹款项的情况愈加多发。解决负外部性问题就是让外部性的供体承担相应的义务和责任。同时众筹平台在决策时要充分考虑利益相关者对企业造成的影响。捐赠人和求助者是私益救助型众筹平台的直接利益相关者，其切身利益的实现要求众筹平台要承担众筹款项合理使用的监管责任；政府、媒体，以及社会公众属于私益救助型众筹平台的间接利益相关者，挪用款项等事件引发的负面影响，会直接导致私益救助型众筹的信任危机，致使此类平台失去更多客户资源，进而导致自身企业利益受损。综上考量，私益救助型众筹平台必须负有对所筹款项监管之责任。

20 世纪 60 年代，西方经济学研究逐渐发现了市场失灵的普遍存在。因此，如何克服现实世界的各种不理想状态从而实现资源的有效配置，机制设计理论应运而生，即研究在自由选择、自愿交换、信息不完全及决策分散化的条件下，通过设计一套机制（规则或制度）来达到既定目标的理论。机制设计通常涉及信息效率和激励相容两个核心问题。前者是成本问题，后者是利益平衡问题。机制设计理论的创立者哈维茨认为：激励相容是一种制度安排，即在承认市场经济中每个理性经济人都会有自利的一面，其个人行为会按自利的规则行动的前提下，设计一种制度能够使行为人追求个人利益同时正好与企业实现集体价值最大化的目标相吻合。所以机制设计理论中的激励相容，最初指的是通过设计一种机制从而实现个人利益与集体利益的双赢。随着时代变迁和社会发展，激励相容理论逐渐发展成：在存在道德风险的情况下，如何保证拥有信息优势的一方按照契约的另一方的意愿行动，从而使双方都能趋向于效用最大化。

20 世纪 60 年代以来，随着法经济学的兴起，越来越多的经济学理论被引入法学研究当中。尤其是近年来,激励相容理论不断被法律制度设计者吸收借鉴。随着行政管理逐步走向社会治理,传统的命令式立法规制方式的弊端逐渐显现,其中遏制市场主体创新能力最为突出。时代变迁推动着规制理念的升级,随着命令控制型监管的“诸多不适”凸显,激励性监管逐渐被广泛认可:人们发现规则如果能够与被管理者激励相容,会极大降低执法成本,提高合规动力。[1] 激励相容的监管和立法规制起初应用于金融领域对银行的监管,近年来逐渐拓展到环境保护、证券市场、医疗卫生,乃至食品安全等涉及多个主体利益平衡的监管领域中。[2] 私益救助型众筹涉及求助者、捐赠人、众筹平台多方利益,如何能够实现各方主体的共赢,是私益救助型众筹立法规制必须面对和解决的问题。因此私益救助型众筹立法规制的激励相容,其实是要通过科学的立法制度设计来实现立法要求与私益救助型众筹平台内部激励之间的平衡,即私益救助型众筹立法制度设计的思路,应该是通过促进私益救助型众筹平台构建更有效的内部治理,同时加强外部威慑,促使私益救助型众筹平台主动承担更多责任。而这种制度设计最终会使社会形成越发浓烈的互助氛围,促进慈善事业与商业的良性互动与共赢。[3]

---

〔1〕 参见周汉华:《探索激励相容的个人数据治理之道——中国个人信息保护法的立法方向》,载《法学研究》2018 年第 2 期。

〔2〕 参见陈思等:《激励相容:我国食品安全监管的现实选择》,载《中国农业大学学报(社会科学版)》2010 年第 3 期。

〔3〕 赫伯特·西蒙在他的《人类活动中的理性》一书中论述了“进化中的利他主义”。一个特性群体中的利他主义者越多,那么每个利他主义者的利他成本就能够被其他利他主义者提供的回报所弥补。笔者认为,要创设一种有利于私益救助型众筹发展的法律规则,合理的制度设计应该激励相容,在互利共赢的前提下,愿意“利他”的捐赠者会越来越多,从而形成良性发展趋势,增进社会福祉。

具体而言,私益救助型众筹平台的监管责任体现在:对求助额度以及重复求助的控制、所筹款项提现方式的控制,以及平台防范欺诈义务的设定等。在所筹款项合理使用的众筹平台监管方式中,一次性提现更加便捷,但挪用款项和虚假众筹之风险过高;分期提现和众筹平台打款至相关机构对公账户的方式更加利于监管,进而利于保护捐赠人之利益不受侵害。

在加重私益救助型众筹平台监管责任的同时,出于激励相容的考量,也要为此类众筹平台设定获取报酬的权利。

(二)事中控制之核心制度

立法规制私益救助型众筹的事中控制的制度设计应包括:

1. 求助额度与重复求助控制制度。立法规制私益救助型众筹必须考虑到求助额度上限与控制重复求助的问题。根据现有私益救助型众筹发展情况评估,单次求助上限设置为 50 万元较为合理。现有的私益救助型众筹行业自律规范中已经提及"单次求助金额"[1]原则上不超过 50 万元,如果超过,发起人可以在求助信息中明示。同时,因求助事项的资金需求和紧迫程度千差万别,私益救助型众筹平台应该自行建立数据库,为不同求助项目设定求助金额区间。对于重复求助行为,平台之间应建立联动机制,同一发起方针对同一事项的求助在同一平台只能进行一次众筹,在不同平台不得超过两次;且重复求助须加重求助者信息公开义务,必须公开首次众筹款项的详细花费清单。立法时应当考虑为平台设定上述义务。

---

〔1〕《个人大病求助互联网服务平台自律倡议书、自律公约(全文)》,载澎湃新闻网 2018 年 10 月 21 日,https://www.thepaper.cn/newsDetail_forward_2550128。

2. 众筹款项打给相关机构对公账户制度。在该制度中，众筹平台要对私益救助型众筹所筹款项进行监管，前提是众筹平台要与众筹款项使用方相关机构建立长期联系。比如大病众筹中，众筹平台应与医疗机构对接；贫困大学生众筹学费的项目中，众筹平台应与高校对接。建立众筹平台与相关机构对接制度，一方面便于核对众筹事由（求助信息）的真实性；另一方面便于对众筹款项的合理使用进行监管。众筹平台与相关机构对接后，所有众筹款项可以直接打给相关机构的对公账户，以保证众筹款项用于众筹事由，大大降低滥用众筹款项和虚假众筹的风险。立法规制私益救助型众筹，可以考虑为已经与相关机构对接成功的众筹平台设定将众筹款项一次性打到相关机构对公账户的义务，便于众筹平台对所筹款项进行监管。

3. 众筹款项分期提现制度。第四章中笔者分析过私益救助型众筹三种提现方式的利弊。现有的一次性提现方式最容易发生虚假众筹和滥用众筹款项的风险。将众筹款项直接打给相关机构的对公账户风险最低，但需要在众筹平台与相关机构充分对接制度建立的基础上，方可实现。而立法对于上述对接制度只能是进行倡议性规定，无法强制，因此该制度的落实并非易事。

由此综合判断，分期提现的方式对于目前的私益救助型众筹平台来说是一种更为可行的监管方式。但分期提现的方式最大的风险在于容易导致众筹平台形成资金池。因此，私益救助型众筹的分期提现制度设计应至少包括以下内容：一是众筹平台应对求助方提供的提现证明材料进行严格审查；二是私益救助型众筹平台将这笔资金与平台其他板块资金，以及平台自有资金进行分账管理，并定期将账目在该平台进行公示；三是众筹平台必须引入第三方资金托管机构进行托管；四是托管资金产生的利息归属。笔者认为，利息应归属于求助方，即在分期提现的最后一次将剩余款项和利息一并打给求助方账户。

4. 众筹平台服务费制度。前文已经提到,私益救助型众筹平台从产生发展到现在,已经历了"收费－0服务费－收费"的过程。这个变动的过程也反映了私益救助型众筹平台发展思路的转变。笔者在前面章节提到,域外同类众筹平台在创立之初对所有众筹项目均收取5%左右的服务费。2017年11月之后取消了这一费用。但国外此类平台具有打赏功能,这一功能与每笔29%的支付处理费用和非个人众筹活动抽成构成了GOFUNDME的收入来源。因此起初,学习海外众筹平台的运营方式,国内轻松筹等平台均收取2%左右的服务费。但运行一段时间以后,受到了"公益还是生意"的质疑。于是为了吸引更多用户,轻松筹、水滴筹等大型平台在多轮融资的基础上,采取了一段时间的"0服务费"策略。但作为营利性企业的众筹平台在运营私益救助型众筹项目的过程中需要支付的人工、技术等成本很高,以至于2022年4月开始,水滴筹平台公开宣称自己不是"公益组织",因此会在每个众筹项目中收取3%的服务费;轻松筹也在极小范围内试点捐款人在捐款时自愿为平台资助3元钱的举措,若捐款人事后又"反悔",还可申请退款这3元钱。

笔者认为,私益救助型众筹平台作为营利性企业在为筹款方提供服务时收取一定费用是合理的,这种权利应受到法律保护。因此,立法规制私益救助型众筹必须考虑到上述众筹平台的服务费问题,可以参照公益组织项目执行费用的收费标准,为私益救助型众筹平台的服务费设置一个合理区间。

5. 众筹平台防范欺诈之义务与黑名单制度。立法应规定运营私益救助型众筹项目的众筹平台具有采取措施防范欺诈行为之义务,发现欺诈行为或其他损害捐赠人利益的情形,及时公告并终止相关私益救助型众筹活动;同时立法应鼓励引导平台建立社会监督举报机制与黑名单制度。参照国外此类众筹平台的做法,将发起虚假众筹人员名单在“黑名单”网站公布,此类个人再无资格发起私益救助型众筹,同时也对其他公众起到警示作用。

三、事后监督——剩余款项合理使用制度设计

(一)事后监督之利益整合

关于剩余款项合理使用的问题,相关制度设计须从捐赠人、求助者(发起人),以及众筹平台三方的利益诉求共性部分出发,统筹兼顾,最终实现效益最大化。

根据前文所述,私益救助型众筹的剩余款项若归属于求助者(发起人)或捐赠人都无法实现公益和私益兼顾的效益最大化,只有交由众筹平台做后续处理才是在不减损以上各方主体利益的同时,最大限度增进公共利益的一种选择。

(二)事后监督之核心制度

立法中,众筹平台处理剩余款项应当秉承利益衡量和尊重求助方意愿原则。私益救助型众筹剩余款项是否按比例返还捐赠人应当首先以剩余款项数额为衡量标准。根据前文论述,如果剩余款项数额较小,则按比例返还给捐赠人意义不大,且容易出现返还成本大于或等于返还金额的情况。因此,立法可以设定返还金额下限,即剩余款项低于人民币 5 万元(含 5 万元)则参照慈善近似原则,由众筹平台将剩余款项交由慈善组织或成立基金会来进行管理,将其用于帮助其他有相近需求的困难群体;如果剩余款项高于人民币 5 万元,在求助方特别要求将剩余款项按比例返还给捐赠人的情况下,则尊重求助方意愿,如果求助方无特别要求,则众筹平台可以仍参照慈善近似原则处理剩余款项。

四、救济机制——平台责任与诉讼相关制度设计

（一）救济机制之利益整合

私益救助型众筹活动中，欺诈行为时有发生。笔者已经在第六章中专门论述了私益救助型众筹中的民事欺诈。根据现行民事法律中关于欺诈、无效民事行为以及赠与合同等相关规定，私益救助型众筹中的欺诈行为属于可撤销民事行为。因此，私益救助型众筹的捐赠人在发生民事欺诈时，拥有撤销权。上述欺诈发生时，共同诉讼和代表人诉讼都是高成本且低效率的方式。实践中，已有平台代为起诉的先例，且从兼顾公平效率的层面，立法赋予众筹平台此项权利也是最优选项。

自避风港原则产生以来，随着互联网技术的快速发展和互联网行业的不断迭代，避风港原则的滥用与泛化已经成为互联网企业规避责任的重要理由。因此，这就对发生民事欺诈时，如何认定私益救助型众筹平台的责任造成困难。但如果违反上述相关制度设计之规则，比如因众筹平台未尽到审查求助者信息之义务，或众筹平台违反禁止任意招揽原则，通过扫楼而发起私益救助型众筹，如果存在民事欺诈行为，则此时私益救助型众筹平台必须承担相应责任。

当然，立法规制私益救助型众筹也要防止监管过度而导致对网络新业态发展的抑制。从平衡秩序和效率的角度出发，制度设计应考虑到纠纷解决机制的选择问题，即自律与他律相结合，从而保护和促进互联网新业态在法律规制的范围内自由发展。

（二）救济机制之核心制度

立法规制私益救助型众筹的救济机制制度设计应包括：

1. 捐赠人撤销权制度。根据现行民事法律法规相关规定,捐赠人在众筹款项提现之前拥有任意撤销权,捐赠人行使撤销权的除斥期间原则上为其知道或应当知道撤销事由之日起1年内,但自民事法律行为发生之日起,5年内没有行使的,撤销权消灭。捐赠人撤销赠与的效果为要求求助方返还众筹款项。

2. 众筹平台之诉权制度。上文论述,私益救助型众筹所筹款项的合理使用应该由众筹平台进行监管。立法时应该赋予此类平台监管的权利和义务。对于众筹款项的监管一方面体现在众筹平台的提现模式;另一方面也体现在当众筹平台发现存在欺诈行为时,平台可以代替众多捐赠人对虚假众筹的发起方提起诉讼。

笔者在第六章论述了私益救助型众筹发生民事欺诈时,众多捐赠人可以选择共同诉讼或者代表人诉讼的方式对虚假众筹方进行追偿。但这两种方式的成本较高,效率偏低。且即便是选择前两种诉讼方式,最终判决结果,即众筹款项的返还还是需要经由众筹平台来操作执行。因此,从兼顾公平和效率的角度出发,由私益救助型众筹平台作为诉讼代表人提起此类民事欺诈之诉更为合理。

立法时应对众筹平台之诉权予以确认,即捐赠人在确认众筹平台用户协议时可认定为捐赠人对众筹平台进行委托授权。

3. 民事欺诈的平台责任。首先,立法时应明确,在私益救助型众筹中,众筹平台不适用避风港原则。因为此类众筹平台对于私益救助型众筹求助方发布的信息可以进行严格的形式审查和必要的实质审查,即此类平台对信息的控制能力较强。且前文论述过,此类众筹平台通过私益救助型众筹项目引流到网络保险销售业务中,从而实现盈利。借鉴“穿透式监管”理念,可以认为此类众筹平台因私益救助型众筹项目而间接获益。因此,如果因众筹平台未尽到法定信息审查义务而发生民事欺诈,则众筹平台应承担相应责任。

私益救助型众筹平台承担民事责任的条件包括:(1)因未尽到信息审查义务导致民事欺诈发生;(2)任意招揽行为;(3)侵吞私益救助型众筹剩余款项;(4)其他恶意损害捐赠人或求助方利益的行为(包括但不限于:删除、篡改、非法买卖、泄露出借人与借款人的基本信息和交易信息)。

4. 私益救助型众筹之纠纷解决途径。立法规制私益救助型众筹应与行业自律有机结合。因此,当求助方与众筹平台之间,众筹平台与捐赠人之间,捐赠人与求助方之间发生纠纷时,可以通过以下途径解决:自行和解;请求行业自律组织调解;向仲裁部门申请仲裁;向人民法院提起诉讼。

5. 众筹平台的其他法律责任。私益救助型众筹平台违反法律法规相关监管规定,有关法律法规有处罚规定的,依照其规定给予处罚;有关法律法规未作处罚规定的,众筹平台所属企业的工商登记注册地的地方民政部门可以采取监管谈话、出具警示函、责令改正、通报批评、将其违法违规和不履行公开承诺等情况记入诚信档案并公布等监管措施,以及给予警告、罚金等处罚措施;构成犯罪的,依法追究刑事责任。

本章小结

私益救助型众筹平台由营利性企业运营,因而加剧了信息不对称。由此引发了私益救助型众筹的道德风险和逆向选择。前者主要表现为虚假众筹和平台审核监管不严,后者则表现为虚假众筹往往获得成功,而那些真正需要帮助的困难人士因为逆向选择而被挤占了求助资源,无法通过众筹获得经济帮助。为解决上述问题,有学者提出私益救助型众筹如果选择非营利组织作为众筹平台来运营,更有利于解决当下的乱象。但实际上即便是私益救助型众筹平台由非营利组织运营,又常常陷入了志愿失灵的窘境。商业企业做慈善因契约失灵而导致机会主义行为难以避免,而慈善组织的志愿失灵又导致了私益救助型众筹这种模式的必然存在。要平衡两难困境,立法规制私益救助型众筹成为必然。

立法规制私益救助型众筹必然要针对各种权利和利益的冲突进行利益衡量。在此基础上,笔者探讨了私益救助型众筹的立法规制模式选择。中国既有互联网平台型新业态的立法规制呈现"行业性路径依赖"的特点。这种路径依赖往往导致将传统的责任义务关系生搬硬套给新型的商业实践,属于缘木求鱼。具有中国特色的私益救助型众筹立法规制模式有两种可能:一是民政部门制定"私益救助型众筹中介机构业务活动管理办法",可能性较大;二是可以考虑由最高人民法院制定"关于办理私益救助型众筹案件中适用法律若干问题的解释"来规范此类案件的审理工作。

基于上述实践问题和理论基础,本章最后提出了私益救助型众筹立法的核心制度设计思路。一是事前防范——平台准入、信息审查等制度设计;二是事中控制——众筹款项平台监管制度设计;三是事后监督——剩余款项合理使用制度设计;四是救济机制——平台责任与诉讼相关制度设计。

参考文献

一、中文文献

(一)专著类

1. 邸耀敏:《中国社会捐赠的规制研究》,海洋出版社2012年版。

2. 费孝通:《乡土中国》,上海人民出版社2006年版。

3. 胡卫萍、赵志刚:《中国慈善事业法律体系建构研究》,中国检察出版社2014年版。

4. 江伟主编:《民事诉讼法》(第4版),高等教育出版社2013年版。

5. 阚珂主编:《中华人民共和国慈善法解读》,中国法制出版社2016年版。

6. 李珂、叶竹梅编著:《法经济学基础理论研究》,中国政法大学出版社2013年版。

7. 李开国:《民法总则研究》,法律出版社2003年版。

8. 厉以宁:《股份制与现代市场经济》,江苏人民出版社1994年版。

9. 梁上上:《利益衡量论》(第2版),法律出版社2016年版。

10. 刘俊海:《公司的社会责任》,法律出版社1999年版。

11. 屈茂辉、凌立志:《网络侵权行为法》,湖南大学出版社2002

年版。

12. 莫文秀等:《中华慈善事业:思想、实践与演进》,人民出版社 2010 年版。

13. 彭冰:《投资型众筹的法律逻辑》,北京大学出版社 2017 年版。

14. 沈宗灵主编:《法理学》(第 3 版),北京大学出版社 2009 年版。

15. 盛佳、汤浔芳等编著:《互联网金融第三浪:众筹崛起》,中国铁道出版社 2014 年版。

16. 王俊秋:《中国慈善与救济》,中国社会科学出版社 2008 年版。

17. 魏振瀛主编:《民法》(第 4 版),北京大学出版社、高等教育出版社 2012 年版。

18. 谢怀栻等:《合同法原理》,法律出版社 2004 年版。

19. 徐卫:《慈善宣言信托制度构建研究》,法律出版社 2012 年版。

20. 徐昕:《论私力救济》,中国政法大学出版社 2005 年版。

21. 张家卫、吴鹏:《众筹学:理论与实践》,清华大学出版社 2017 年版。

22. 周林彬等:《法律经济学:中国的理论与实践》,北京大学出版社 2008 年版。

23. 周秋光、曾桂林:《中国慈善简史》,人民出版社 2006 年版。

24. 邹世允:《中国慈善事业法律制度完善研究》,法律出版社 2013 年版。

25. 中国法制出版社编:《中华人民共和国民法典》(实用版),中国法制出版社 2020 年版。

（二）译著类

1.［美］E. 博登海默：《法理学：法律哲学与法律方法》，邓正来译，中国政法大学出版社 1999 年版。

2.［美］赫伯特·西蒙：《人类活动中的理性》，胡怀国、冯科译，广西师范大学出版社 2016 年版。

（三）中文论文类

1. 蔡琳：《论“利益”的解析与“衡量”的展开》，载《法制与社会发展》2015 年第 1 期。

2. 崔震、李芳：《个人求助网络募捐平台的法律监管》，载《社科纵横》2019 年第 4 期。

3. 陈思等：《激励相容：我国食品安全监管的现实选择》，载《中国农业大学学报（社会科学版）》2010 年第 3 期。

4. 陈兴良：《金融诈欺的法理分析》，载《中外法学》1996 年第 3 期。

5. 陈婉璇：《论个人网络募捐的法律规制》，载《法制博览》2017 年第 1 期。

6. 陈晨：《公益众筹的困境及建议》，载《法制博览》2019 年第 11 期。

7. 陈兴良：《民事欺诈和刑事欺诈的界分》，载《法治现代化研究》2019 年第 5 期。

8. 程海宁：《“相互保”：保险新衣下的网络互助》，载《金融法苑》2019 年第 1 期。

9. 程海宁：《“相互保”商业模式问题分析》，载《金融法苑》2019 年第 1 期。

10. 杜孟繁：《推定的若干法律问题重视》，载《法制与社会》2016 年第 25 期。

11. 冯春、黄静文：《网络慈善失范现象及其治理》，载《贵州财经大学学报》2019 年第 5 期。

12. 房清江:《平台“互殴”:呼唤公益法治化》,载《河南日报》2020 年 4 月 17 日,第 4 版。

13. 凡宇、单萧萧:《网络公益众筹诈骗案件的侦办难点及其突破》,载《法制与经济》2019 年第 3 期。

14. 何大安:《行为经济人有限理性的实现程度》,载《中国社会科学》2004 年第 4 期。

15. 韩登池:《对我国民法类推适用之探讨》,载《韩山师范学院学报》2005 年第 1 期。

16. 金锦萍:《论公益信托之界定及其规范意义》,载《华东政法大学学报》2015 年第 6 期。

17. 金锦萍:《〈慈善法〉实施后网络募捐的法律规制》,载《复旦学报(社会科学版)》2017 年第 4 期。

18. 蒯嘉诚、曹京涛:《论个人网络求助信息公示的法律规制》,载《法制博览》2019 年第 15 期。

19. 柯湘:《互联网公益众筹:现状、挑战及应对——基于〈慈善法〉背景下的分析》,载《贵州财经大学学报》2017 年第 6 期。

20. 劳东燕:《法益衡量原理的教义学检讨》,载《中外法学》2016 年第 2 期。

21. 李畅、梁潇:《个人救助式众筹的法律监管研究》,载《电子科技大学学报(社科版)》2019 年第 6 期。

22. 李春辉、黄文其等:《“轻松筹”现象的法律探析:若干校园慈善众筹案例引发的思考》,载《法制与经济》2017 年第 6 期。

23. 李昌禹:《网络个人求助 监管如何落地》,载《决策探索(上)》2019 年第 6 期。

24. 李俊:《论代理规则对代表行为的类推适用——对〈合同法〉第五十条有关规定之思考》,载《西南民族大学学报(人文社科版)》2006 年第 4 期。

25. 李红艳:《非政府组织的基本理论探讨》,载《武汉大学学报(哲学社会科学版)》2009 年第 3 期。

26. 李雪:《网络公益众筹的法律风险与保护机制研究》,载《法制与经济》2018 年第 11 期。

27. 李月红:《我国公益众筹运作的法律问题分析》,载《西安石油大学学报(社会科学版)》2017 年第 2 期。

28. 李伟群、沈志康:《"相互保"处罚决定落地后引发的深层思考》,载《上海金融》2019 年第 7 期。

29. 刘俊芳、魏强:《论个人网络求助的地域管辖》,载《南海法学》2018 年第 3 期。

30. 刘佳琳、马卫东:《论"互联网 +"时代下慈善募捐与个人求助》,载《社科纵横》2018 年第 8 期。

31. 刘迎霜:《我国公益信托法律移植及其本土化:一种正本清源与直面当下的思考》,载《中外法学》2015 年第 1 期。

32. 刘荟:《网络互助计划法律性质的界定研究》,载《法制博览》2020 年第 2 期。

33. 刘晗悦:《网络环境下的个人求助行为法律问题研究》,载《现代经济信息》2017 年第 7 期。

34. 陆璐、崔婕:《〈慈善法〉实施背景下非慈善组织募捐主体资格问题研究》,载《法制博览》2017 年第 22 期。

35. 吕仝等:《网络慈善众筹的风险及其法律规制》,载《法制博览》2018 年第 33 期。

36. 马晓瑜:《对网络公益众筹,监管不能"缺位"》,载《人民论坛》2018 年第 34 期。

37. 宁园:《网络服务提供者之证明材料审查义务的设定》,载《科技与法律》2019 年第 5 期。

38. 彭朝阳:《互联网个人求助法律规制路径探析》,载《现代商贸工业》2020 年第 8 期。

39. 彭插三:《信义法律关系的分析及适用》,载《湖南社会科学》2010 年第 3 期。

40. 秦梦圆:《〈慈善法〉背景下公益众筹平台民事责任的法律属性》,载《法制博览》2017 年第 17 期。

41. 屈茂辉:《类推适用的私法价值与司法运用》,载《法学研究》2005 年第 1 期。

42. 乔光耀、刘万奇:《从分类到界线——论推定与法律拟制》,载《中国人民公安大学学报(社会科学版)》2016 年第 5 期。

43. 饶也等:《"互联网 + "时代公益众筹发展问题与法律诉求》,载《法制与社会》2019 年第 1 期。

44. 单博、程昕:《论网络私益募捐的规制》,载《产业与科技论坛》2019 年第 16 期。

45. 史家瑞:《试论网络公益众筹的发展现状、问题与法律规制》,载《经济研究导刊》2020 年第 6 期。

46. 宋海洋:《社会捐赠剩余的法律评析》,载《法学》2003 年第 3 期。

47. 史艳红、左丽敏:《试论"互联网 + "环境下法理研究面临的新问题》,载《山西广播电视大学学报》2019 年第 2 期。

48. 陶凤:《筹人变仇人,公益成生意》,载《北京商报》2020 年 4 月 17 日,第 2 版。

49. 唐婷婷:《"互联网 + "个人求助的刑法规制路径》,载《齐齐哈尔大学学报(社会科学版)》2018 年第 8 期。

50. 田建枢、张亚娣:《大病网络筹款的定性及法律问题研究》,载《时代金融》2019 年第 32 期。

51. 汤唯、雷振斌:《论立法政策取向与利益衡量》,载《法学论坛》2006 年第 3 期。

52. 王楠等:《公益众筹平台运营模式的研究》,载《传媒论坛》2018 年第 9 期。

53. 王辉:《从经济人视角看慈善捐赠的动机》,载《当代经济研究》2011 年第 11 期。

54. 王珣:《慈善募捐中信息隐私保护的困境及进路》,载《法制与经济》2017 年第 6 期。

55. 王众:《我国慈善私益募捐的法律规制》,载《学术探索》2015 年第 9 期。

56. 王涛:《论公益信托受托人的忠实义务》,载《社会科学战线》2015 年第 6 期。

57. 王烁:《赫伯特·西蒙有限理性概念考察及其启示》,载《太原师范学院学报(社会科学版)》2019 年第 1 期。

58. 王留彦:《试论隐私权与知情权的冲突与平衡》,载《商业时代》2012 年第 17 期。

59. 王利明:《隐私权概念的再界定》,载《法学家》2012 年第 1 期。

60. 王利明:《论互联网立法的重点问题》,载《法律科学(西北政法大学学报)》2016 年第 5 期。

61. 王天林:《论推定的特征及其根本属性》,载《中国社会科学院研究生院学报》2010 年第 5 期。

62. 魏求月:《网络服务提供者侵权责任的障碍与解构》,载《中国高校社会科学》2020 年第 2 期。

63. 王立梅:《网络空间下避风港原则的完善与网络服务提供者责任分类》,载《江西社会科学》2020 年第 5 期。

64. 魏露露:《网络平台责任的理论与实践——兼议我国电子商务平台责任制度的对接》,载《北京航空航天大学学报(社会科学版)》2018 年第 11 期。

65. 薛泽长、丁玮:《众筹平台个人求助的法律责任及规制》,载《学理论》2019 年第 7 期。

66. 徐可:《互联网平台的责任结构与规制路径——以审查义务和经营者责任为基础》,载《北方法学》2019 年第 3 期。

67. 徐明强:《"虚假慈善众筹"的生成与规制——兼议"众筹丧葬赔偿费事件"》,载《民主与法制时报》2018 年 8 月 2 日,第 6 版。

68. 向鹏:《关于完善网络募捐监管法律制度的思考》,载《华南理工大学学报(社会科学版)》2017 年第 3 期。

69. 叶婷婷:《论个人网络求助行为应受慈善法调整》,载《北京政法职业学院学报》2019 年第 2 期。

70. 于江磊:《法治视角下公益众筹中骗捐陷阱防范》,载《山东行政学院学报》2018 年第 3 期。

71. 闫笑男:《〈慈善法〉对公益众筹的影响》,载《商》2016 年第 17 期。

72. 余珊:《论社交网络众筹平台的法律规制——以"轻松筹"为研究样本》,载《哈尔滨师范大学社会科学学报》2019 年第 2 期。

73. 杨思斌:《慈善法治建设:基础、成效与完善建议》,载《社会科学战线》2019 年第 10 期。

74. 杨粤:《我国网络募捐法律制度思考》,载《北京邮电大学(社会科学版)》2013 年第 5 期。

75. 袁毅:《中国公益众筹发展现状及趋势研究》,载《河北学刊》2017 年第 6 期。

76. 杨疏影:《公司慈善捐赠信息披露制度的法经济学分析》,载《探索》2013 年第 5 期。

77. 叶强:《试论相互宝的起源与发展》,载《上海保险》2019 年第 11 期。

78. 易辉:《相互保险商业模式的国际比较研究》,载《国际经济合作》2017 年第 5 期。

79. 姚菊芬:《网络公益众筹的法律困境及解决对策——以我国〈慈善法〉为视角》,载《法制与社会》2019 年第 15 期。

80. 杨睿宇、马箫:《网络公益众筹的现状及风险防范研究》,载《学习与实践》2017 年第 2 期。

81. 叶自强:《论推定的根据》,载《河北法学》2009 年第 11 期。

82. 周映筱:《从"相互保"看互联网保险的监管及启示》,载《中国保险》2019 年第 7 期。

83. 周汉华:《正确认识平台法律责任》,载《学习时报》2019 年 8 月 7 日,第 4 版。

84. 周汉华:《探索激励相容的个人数据治理之道——中国个人信息保护法的立法方向》,载《法学研究》2018 年第 2 期。

85. 周伟萌:《自由与秩序:互联网信息传播中的法律价值冲突与协调》,载《江汉论坛》2016 年第 11 期。

86. 周陈:《论我国公益众筹法律制度的完善》,载《法制与社会》2016 年第 35 期。

87. 周瑛、王中华等:《中国捐赠式众筹:历史回顾、困境与展望》,载《六盘水师范学院学报》2019 年第 3 期。

88. 张新宝:《侵权责任法立法的利益衡量》,载《中国法学》2009 年第 4 期。

89. 张新宝:《从隐私到个人信息:利益再衡量的理论与制度安排》,载《中国法学》2015 年第 3 期。

90. 张斌:《现代立法中利益衡量基本理论初论》,载《国家检察官学院学报》2004 年第 6 期。

91. 张曜天:《慈善法背景下社会募捐的分类及其法律性质分析》,载《吉林广播电视大学学报》2016 年第 4 期。

92. 张丽君:《网络个人求助类众筹平台的研究综述》,载《经济研究导刊》2020 年第 12 期。

93. 展宏菲:《网络慈善中个人求助的法理分析》,载《中国集体经济》2018 年第 15 期。

94. 章香香等:《个人网络募捐的相关法律问题研究》,载《经贸实践》2017 年第 16 期。

95. 章高荣:《慈善概念的移植何以未完成:一个政策过程的分析》,载《社会》2020 年第 1 期。

96. 赵文聘、徐家良:《制度性组织、新纽带与再嵌入:网络公益慈善信任形成机制创新》,载《社会科学》2019 年第 6 期。

97. 赵婧薇:《个人网络募捐行为的规制策略》,载《沈阳师范大学学报(社会科学版)》2019 年第 6 期。

98. 邹世允、关静文:《论捐赠人慈善信息知情权的保护》,载《行政与法》2014 年第 6 期。

99. 朱偲媛:《浅析网络募捐适格主体及其法律关系》,载《法制与社会》2018 年第 16 期。

(四)学位论文类

1. 程威:《个人网络募捐信息披露法律制度构建研究》,安徽财经大学 2017 年硕士学位论文。

2. 陈锦帛:《我国公益众筹发起主体法律问题研究》,西北大学 2018 年硕士学位论文。

3. 崔銮敏:《我国慈善私益募捐法律纠纷的解决路径探析》,南京大学 2011 年硕士学位论文。

4. 丁东红:《公证介入自然人网络募捐的进路研究》,西南财经大学 2013 年硕士学位论文。

5. 侯俊:《公益众筹平台民事责任研究》,华中师范大学 2018 年硕士学位论文。

6. 胡兆腾:《慈善私益募捐法律问题研究》,山东大学 2017 年硕士学位论文。

7. 黄忠:《无效法律行为制度研究》,西南政法大学 2009 年博士学位论文。

8. 李祖坤:《合同无效的司法处理》,吉林大学 2011 年博士学位论文。

9. 刘莎莎:《我国网络募捐类型化分析及法律规制》,山东师范大学 2018 年硕士学位论文。

10. 刘安琪:《〈慈善法〉视角下我国公益众筹的法律规制》,江苏大学 2018 年硕士学位论文。

11. 刘敏:《我国个人捐赠众筹的法律问题分析》,南京大学 2019 年硕士学位论文。

12. 李华龙:《我国慈善众筹的法律问题研究》,广东外语外贸大学 2017 年硕士学位论文。

13. 李喜燕:《慈善捐赠人权利研究》,西南政法大学 2013 年博士学位论文。

14. 李新艳:《慈善捐赠财产的监管制度研究》,中国政法大学 2006 年硕士学位论文。

15. 李梦晗:《网络募捐平台监管的法律问题研究》,兰州大学 2018 年硕士学位论文。

16. 李明臻:《我国公益众筹法律监管机制构建研究》,西安建筑科技大学 2018 年硕士学位论文。

17. 李培琳:《网络捐赠的法律规制研究》,河北经贸大学 2019 年硕士学位论文。

18. 李雅滨:《我国个人网络募捐行为的法律规制》,中南民族大学 2013 年硕士学位论文。

19. 吕雪艳:《网络个人救助众筹法律问题研究》,安徽财经大学 2019 年硕士学位论文。

20. 冒丽:《“类推适用”之法理学探析》,上海师范大学 2010 年硕士学位论文。

21. 苏丹:《网络募捐法律规制研究》,湖南师范大学 2017 年硕士学位论文。

22. 史敬龙:《我国网络公益众筹平台的法律规制研究》,新疆大学 2018 年硕士学位论文。

23. 桑小敏:《我国网络募捐行政监管法律制度的缺失与构建》,南京航空航天大学 2013 年硕士学位论文。

24. 伞新茹:《个人求助类公益众筹的问题研究》,北京邮电大学 2019 年硕士学位论文。

25. 王茜:《中国公益众筹发展研究》,吉林大学 2015 年硕士学位论文。

26. 武亚坤:《我国网络募捐的法律问题研究》,河北经贸大学 2017 年硕士学位论文。

27. 邬雯雯:《公法学视角下公民网络募捐的保护与规制》,南京师范大学 2016 年硕士学位论文。

28. 王艺:《“个人求助”的民法规制研究——以对“罗一笑事件”的质疑与反思为反思为路径》,兰州大学 2017 年硕士学位论文。

29. 汪银辉:《论网络募捐平台连带责任之承担》,甘肃政法学院 2017 年硕士学位论文。

30. 吴鑫:《论我国公益众筹的法律制度》,吉林大学 2018 年硕士学位论文。

31. 王静:《私益募捐法律问题研究》,北方工业大学 2012 年硕士学位论文。

32. 王渊:《私益募捐捐赠人的权利保障研究》,华南理工大学

2017 年硕士学位论文。

33. 王鹤:《我国慈善私益募捐法律问题研究》,西南大学 2009 年硕士学位论文。

34. 王珣:《慈善活动中个人信息的法律保护》,山东大学 2018 年硕士学位论文。

35. 徐宝琴:《个人网络求助发起人不实信息披露民事责任研究》,安徽财经大学 2018 年硕士学位论文。

36. 徐福穗:《我国公益众筹的法律问题研究》,兰州大学 2018 年硕士学位论文。

37. 徐壮:《网络私益募捐民法规制研究》,黑龙江大学 2017 年硕士学位论文。

38. 谢晗:《我国互联网捐赠众筹的法律规制》,华南理工大学 2018 年硕士学位论文。

39. 许琳琦:《网络募捐监管制度研究》,华中科技大学 2014 年硕士学位论文。

40. 姚嘉微:《我国慈善众筹法律规制研究》,西南政法大学 2017 年硕士学位论文。

41. 姚瑜:《论我国公益众筹的法律监管》,华中科技大学 2017 年硕士学位论文。

42. 杨宇昕:《众筹式网络个人求助的监管路径——以轻松筹为样本》,华东政法大学 2018 年硕士学位论文。

43. 杨德群:《公序良俗原则比较研究》,湖南师范大学 2014 年博士学位论文。

44. 袁少杰:《网络募捐法律制度缺位与完善研究——基于微公益平台的视角》,东北财经大学 2016 年硕士学位论文。

45. 张卉林:《论公共利益对私权的限制——以所有权过度限制的救济为视角》,吉林大学 2013 年博士学位论文。

46. 祝阳帅:《为特定受助人募捐剩余财产归属问题研究》,浙江大学2013年硕士学位论文。

47. 张斌:《现代立法中的利益衡量——以个体主义方法论为研究视角》,吉林大学2005年博士学位论文。

48. 张博一:《论不当个人网络求助行为及其法律规制》,吉林大学2017年硕士学位论文。

49. 翟甫:《医疗众筹平台监管法律制度研究》,西南大学2019年硕士学位论文。

50. 赵菁洋:《我国公益众筹相关法律机制的完善》,渤海大学2017年硕士学位论文。

51. 朱星宇:《我国网络公益众筹监管法律制度研究》,安徽财经大学2018年硕士学位论文。

52. 曾雪:《公益众筹的法律基础与机制构建》,四川师范大学2016年硕士学位论文。

53. 张柏森:《我国互联网"平台型"私益慈善活动的法律规制问题研究》,华东政法大学2018年硕士学位论文。

54. 张灿:《我国个人大病救助众筹的若干法律问题研究》,华中科技大学2017年硕士学位论文。

55. 钟惠婷:《网络个人求助法律规制研究》,江西财经大学2019年硕士学位论文。

56. 赵立焦:《网络捐赠的法律规制研究》,河北经贸大学2017年硕士学位论文。

二、外文文献

1. Nora Kenworthy & Zhihang Dong et al., *A cross - sectional study of social inequities in medical crowdfunding campaigns in the United States*, PLOS ONE, 2020.

2. Pingyue Jin, *Medical crowdfunding in China: empirics and*

ethics, Journal of Medical Ethics, 2019.

3. Park A, *Crowdfunding a cure: the sick are getting strangers to pay their medical bills*, Time [Time] 2012 Dec 03; Vol. 180 (23).

4. Snyder, Jeremy & Cohen, I. Glenn, *Medical Crowdfunding for Unproven Medical Treatments: Should Gofundme Become a Gatekeeper?*, Hastings Center Report, 2019.

5. Sameh N. Saleh & Ezimamaka Ajufo et al., *Crowdfunding Medical Care: A Comparison of Online Medical Fundraising in Canada, the United Kingdom, and the United States*, 2020.

6. Zenone, M. a & Snyder, J. b, *Fraud in Medical Crowdfunding: A Typology of Publicized Cases and Policy Recommendations*, Policy and Internet, 2019.

7. *You Caring Acquires Give Forward to Expand the Reach of the World's Leading Free Crowdfunding Platform*, PR Newswire Association LLC, New York 29 Mar 2017.